CHARLIE W. SHEDD · BRIEFE AN STEFAN

CHARLIE W. SHEDD

# Briefe an Stefan

AUSSAAT VERLAG NEUKIRCHEN-VLUYN

Die amerikanische Originalausgabe erschien unter dem Titel
„Letters to Philip" bei Doubleday & Company, Inc., Gar-
den City, New York, Copyright © 1968 bei Charlie W.
Shedd and the Abundance Foundation. Aus dem Amerika-
nischen übertragen von Hans-Georg Noack.

5. Auflage 1996
Deutsches © 1969 by Aussaat Verlag GmbH,
Neukirchen-Vluyn
Titelgestaltung: Hartmut Namislow,
Neukirchen-Vluyn
Titelbild: ZEFA, Düsseldorf
Satz: MZ-Verlagsdruckerei, Memmingen
Druck: Jacob Druck GmbH, Konstanz
Printed in Germany
ISBN 3-7615-3540-6
Bestellnummer 113 540

Dieses Buch widme ich Marilyn, unsrer ersten Schwiegertochter, für die wir schon beteten, als Stefan noch ein Baby war. Nach unseren Beobachtungen aus ihrem ersten Ehejahr wissen wir, daß Gott Gebete erhört.

# Vorwort

Dieses Buch ist für Stefan bestimmt. Ich bin ganz sicher, Sie brauchten ihn nur kennenzulernen, dann hätten Sie ihn auch schon gern. Er würde die Hand ausstrecken, sein Millionen-Dollar-Lächeln aufsetzen und Ihnen das Gefühl geben, daß er sich wirklich für das interessiert, was in Ihnen vorgeht.

Und das wäre die reine Wahrheit. Seitdem er seine ersten unsicheren Schritte tat, hatte er so viele Freunde, wie Menschen in unserer Umgebung wohnten. Er liebt die Menschen von Natur aus.

Er liebt auch Marilyn, und an dieser Stelle komme ich ins Bild. Einige Wochen vor seiner Hochzeit bat er mich in seiner Das-kannst-du-mir-doch-nicht-abschlagen-Art: „Könntest du mir nicht ein paar Briefe darüber schreiben, wie man ein guter Ehemann wird?"

Für seine Bitte gab es eine ganze Reihe von Gründen. Erstens wußte er, daß mein Beruf mich mit vielen Männern und Frauen zusammenführt, die mit ihrer Ehe nicht zurechtkommen. Zweitens hatte ich vor der Hochzeit unserer Tochter die „Briefe an Karen" geschrieben, und jeder Vater möchte seine Aufmerksamkeit doch gern gerecht und gleichmäßig verteilen.

Es gab aber noch einen dritten und wichtigeren Grund für Stefans Wunsch. Er wollte es wirklich wissen! Können Sie sich vorstellen, daß ein gesunder junger Mann heutzutage erwachsen wird, ohne zu entdecken, daß es zwei Geschlechter gibt? Wenn überhaupt, dann war dies bei Stefan der Fall. Ich vermute, daß er bis zu dem Tage, an dem er Marilyn begegnete, noch keinen Gedanken an die Tatsache verschwendete, daß Gott die Menschen als Mann und Frau erschuf.

Dieser unglaubliche Zustand hatte seinen Ursprung vermutlich in dem Augenblick, da Stefan den Finger in eine leere Glühbirnenfassung steckte. Die meisten Dreijährigen versuchen das einmal und lernen daraus, daß es sich nicht lohnt. Aber nicht Stefan! Die Erfahrung schien ihn förmlich umzukrempeln. Von diesem Tage an kümmerte er sich leidenschaftlich um alles, was mit Drähten, Strom und „Wie geht denn das?" zu tun hatte.

Was täten Sie, wenn der Lehrer der ersten Klasse Ihnen sagte, Ihr Sohn habe die Schule geschwänzt? Wahrscheinlich wären Sie entsetzt. Hätten Sie aber einen Sohn wie Stefan, dann interessierten Sie sich sehr bald nur noch dafür, wo in der Nähe Elektriker arbeiteten, gingen hin und fänden dort Ihren Sohn völlig gefesselt und versunken. War gerade Frühstückspause, so saß der kleine Bursche meistens auf irgendeiner Kiste und bombardierte die Mechaniker mit zahllosen Fragen.

Fänden Sie ihn nicht, so würden Sie sich selbstverständlich alle erdenklichen Schrecknisse ausmalen. Aber nach einiger

Zeit würden Sie sich auch daran gewöhnen, sich auf die Verandastufen setzen und geduldig warten. Und endlich käme er dann, gebeugt unter einer Last von elektrischen Schaltern, Isolatoren, bunten Leitungsdrähten und allerlei zerbrochenen Schätzen, die seine Helden ihm überlassen hatten.

Und dann brächten Sie ihn eben wieder zur Schule und erklärten ihm unterwegs die Notwendigkeit der Allgemeinbildung. Sie würden genauso ratlos wie ich nach einer Antwort suchen, wenn er feststellte: „Aber, Vati, bei meinem Lehrer kann ich nichts lernen. Er versteht nicht einmal was von Elektrizität!"

Selbstverständlich hat sich alles zum Guten gewendet, wie es oft geschieht, wenn die Kinder heranwachsen. Stefan wurde Amateurfunker, und niemals hat ein Mensch sein Steckenpferd mehr geliebt als er. Es ist wunderbar, wenn das einem Jungen geschieht, der keinerlei Begeisterung für die Schule empfindet. Man behauptet, ein Junge, der sich nicht um seine Allgemeinbildung bemühe, gerate unweigerlich in Schwierigkeiten. Man sagt aber auch, kein jugendlicher Funkamateur sei bisher im negativen Sinn aufgefallen — und das glaube ich. Er hatte keine Zeit für schlechte Streiche, weil er das Morsealphabet lernen mußte, Schaltpläne zeichnete, Empfänger baute und des Nachts auf dem Zwanzig-Meter-Band mit irgendeinem Amateur in Rußland sprach.

Er hatte auch keine Zeit für Mädchen. Deshalb kann ich ohne Übertreibung sagen, daß ich mindestens einen Jungen kenne, der erwachsen wurde, ohne viel über Jungen, Mädchen und andere Zufälligkeiten nachzudenken.

Dann begegnete er Marilyn. Zuerst war sie nur eine zufällige Wochenendmitfahrerin in seinem Wagen. Sie besuchte dasselbe College. Und dann wurde Marilyn plötzlich d i e Mitfahrerin. Nachdem sie jedoch mehrere Wochen damit zugebracht hatte, sich die Schienbeine an seiner beweglichen Funkstelle zu stoßen und ihm zuzuhören, wie er ständig wiederholte: „CQ calling! CQ calling!", sagte sie eines Tages über die Morsegeräusche hinweg: „Scheußlich!" Und das fiel ihm auf.

Es klingt unglaubwürdig, aber nach Marilyns Bericht hielt er in diesem Augenblick seinen Wagen an, sah ihr in die schönen Augen und sagte: „Hör zu, Mädchen! Darüber müssen wir uns einigen! Wenn die Sache mit uns beiden ernst werden sollte, dann mußt du dich für die Funkerei interessieren. Wenn ich nämlich irgend etwas aufgeben muß, dann bestimmt nicht all das Zeug hier!" (Sie erkennen daraus, daß er von Anfang wußte, wie man Dinge klarstellen sollte.)

Aber nun machen Sie sich bitte keine Sorgen um Marilyn! Sie ist tüchtig. Sähen Sie heute ihre gemütliche kleine Wohnung, dann wüßten Sie sofort, daß hier eine Frau wirkt, die genau auf die Wellenlänge ihres Mannes eingestellt ist und dafür zu sorgen weiß, daß alle Funksprüche unverstümmelt ankommen. Und eine Frau, die es versteht, ein Wohnzimmer wie ein gemütliches Heim und zugleich wie eine Funkkabine aussehen zu lassen, muß schon etwas Besonderes sein.

Darum also bat mich Stefan, ihm diese Briefe zu schreiben. Und dann schlug er mir eines Tages vor, sie auch zu veröffentlichen. „Die meisten jungen Burschen, die ich kenne", sagte er, „möchten nämlich gern, daß aus ihrer Ehe etwas ganz Besonderes wird!"

CHARLIE W. SHEDD

# Inhalt

## Übernimm Verantwortung

Lieber Stefan,

kürzlich sah ich in einem Andenkenladen einen merkwürdigen Wandspruch. Irgendein tüchtiger Geschäftsmann hatte ihn sich wohl eigens für den Vatertag einfallen lassen.

WO VATER SITZT, IST IMMER VORNE

Hoffentlich verkauft er diesen Spruch gut, denn er sagt in der Tat etwas sehr Wichtiges. Mein erster Rat zum Thema, wie Du Deine Frau behandeln solltest, lautet deshalb: „Übernimm Verantwortung!" Zum Wohl Deiner Ehe, zum Besten Deiner künftigen Kinder und im Interesse Deiner Mitmenschen hoffe ich, daß Du das sehr genau liest.

Denselben Rat kannst Du auf verschiedene Art ausgedrückt hören: „Halte die Zügel in der Hand!" „Übernimm das Kommando!" „Bleib am Ruder!" „Gib den Ton an!" Das alles kann richtig sein, wenn Du nur immer die feine Grenze zwischen „genug" und „zuviel" beachtest.

Hier ist nicht das Bild eines mächtigen Herrschers angebracht, der auf seinem Thron sitzt und seine Untertanen
mit fester Faust regiert. Vielmehr sollte von einem Dirigen-
ten die Rede sein, der auf seinem Podium steht und eine
Sinfonie dirigiert — behutsam, aber entschieden, voller
Liebe, aber auch kraftvoll.

Du weißt, daß ich viele Eheprobleme aus nächster Nähe
kennenlerne. Dabei erfahre ich manches, was Du niemals
glauben würdest. Manche Probleme sind einfach spaßig,
andere wirklich schmerzlich. Zu ihnen gehören jene, bei
denen man eigentlich sagen müßte: „Nehmen Sie doch endlich den Fuß vom Nacken Ihrer Frau! Damit gewinnt man
nicht die Liebe einer Frau."

Denn Frauen hassen alle Diktatoren, Tyrannen, Despoten
und Herrscher, die Führer jedoch lieben sie.

Ich schreibe hier drei weibliche Aussagen auf, damit Du
verstehst, was ich meine. Die erste stammt von einer erfolgreichen Verlegerin: „Den ganzen Tag treffe ich Entscheidungen", sagte sie mir. „Ich spreche mit Männern,
verhandele mit ihnen, trete mit ihnen in den beruflichen
Wettstreit. Aber am Abend möchte ich gern ganz Frau sein.
Es ist ein so wunderbares Gefühl, dann einen Mann zu haben, der mir den Mantel abnimmt, das Essen bestellt und
mich alle Sorgen vergessen läßt."

Die zweite stammt von einer netten kleinen Frau, deren
Mann offenbar genau weiß, was er tut. „Hin und wieder",
erklärte sie lächelnd, „streckt Tom die Brust heraus und
sagt: ‚Hör zu, Squaw! Mach, daß du in deinen Wigwam
kommst! Ich bin hier der Häuptling! Vergiß das bitte
nicht!'" Man könnte das für eine ziemlich rauhe Behandlung halten, doch die Frau meinte dazu: „Es ist ganz seltsam, was er damit bewirkt. Wenn er es nämlich nett sagt,

fühle ich mich richtig wohl — sicher und geborgen, wenn Sie verstehen, was ich meine."

Die dritte Aussage ist ganz anders. „Können Sie sich meine Gefühle vorstellen?" fragte die Frau. „Wir waren kaum von unserer Hochzeitsreise zurück, als ich merkte, daß Bill gar kein Heim brauchte, sondern eine Kinderbewahranstalt. Verstehen Sie mich nicht falsch! Ich weiß, daß jeder Mann sich bisweilen wie ein heulendes Baby fühlt, und ich bemuttere ihn dann auch gern. Aber immer? Wann bin ich denn einmal an der Reihe?"

Ich könnte eine lange Reihe solcher Äußerungen anführen. Manche erfreuliche, manche schlechte. Aber keine wäre so traurig wie die der müden Frau, die sich nirgends anlehnen kann, weil sie nirgends eine Stütze findet. Die Männer solcher Frauen sind zu schwach, zu unbesorgt, zu beschäftigt, zu lange im Büro, zu oft beim Bier oder zu sehr sonst irgend etwas, um wirklich starke Figuren an der Spitze eines Haushalts zu sein.

Selbstverständlich gibt es hier wie überall zwei Seiten. Manche selbstbewußte Frau wünscht sich vielleicht einen zu schwachen Mann. Ich kenne aber auch Frauen, die nur deswegen die Zügel in die Hand genommen haben, weil der Mann nicht dazu in der Lage war.

Glaube mir, Deine Frau wird Dich mehr lieben, wenn sie weiß, daß Du im richtigen Augenblick aufstehst und sagst: „Keine Angst! Das mache ich schon!"

Einer der Gründe für dieses weibliche Verhalten mag es sein, daß die Frauen so etwas wie ein mystisches Zukunftsgefühl haben. Wir Männer haben eine gegenwartsbezogenere Gefühlswelt. Wir glauben gern, daß morgen alles gut sein wird, nur weil es jetzt, in diesem Augenblick, ja auch gut ist. Im weiblichen Wesen aber liegt es, den heutigen

Tag zu sehen und zugleich vorauszuschauen. Zumeist beurteilen Frauen die Gegenwart vor allem im Hinblick auf die möglichen Auswirkungen auf die Zukunft.

Da die Mutterschaft einen wichtigen Platz im Leben der Frau einnimmt, mißt sie ihren Mann beständig an der Frage: „Was für ein Vater wird er sein?" Sie wird Dich also mehr lieben, wenn Du ihr zeigst, daß Du die Verantwortung tragen willst. Dann ist ihre drängendste Frage nämlich schon beantwortet.

Überall sieht sie Beispiele dafür, daß es vielen Kindern an einem Autorität ausstrahlenden Menschen fehlt. Sie kennt Eltern, die sich um die Führungsrolle raufen, während die Kinder immer mehr die Achtung vor den Eltern verlieren. Sie kennt andere Familien, in denen die Rollen vertauscht sind. Die Mutter hat den Kampf gewonnen, und die Kinder sind verwirrt. In jeder Straße, jeder Stadt und dem ganzen Land gibt es zu viele Familien, in denen alles in Unordnung geraten ist, weil der Vater abgedankt hat.

Ich brauche Dir nicht erst zu erklären, daß in unserer Zeit einige psychologische Ungeheuerlichkeiten auf uns zukommen. Sie sind nicht erfreulich zu sehen, und jede Frau, die sich Gedanken macht, wird sich sagen: „Die Welt braucht Charaktere! Ich möchte, daß meine Kinder gute Bürger werden!" Wenn sie Dich dann als künftigen Vater betrachtet — was sieht sie? Lächelt sie dann, oder wird sie ein wenig unruhig?

Du siehst, das alles reicht weit in die Zukunft hinein. Deshalb warte nicht! Übernimm die Verantwortung bald und auf die richtige Art und Weise!

Wie?

Das kann ich Dir nicht genau sagen. Niemand kann es. Du mußt es selbst herausfinden. Keine zwei Ehen gleichen einander genau. Eben deshalb ist ja die richtige Mischung aus Euren beiderseitigen Stärken und Schwächen, aus Euren Vorlieben und Abneigungen eine so erregende Aufgabe.

Du wirst aber nicht weit vom richtigen Weg geraten, wenn Du Dir vornimmst, niemals ein Despot zu sein, sondern aus Deinem Heim eine Demokratie mit einem männlichen Führer zu machen. Wir lieben unsere Regierungsform unter anderem deswegen, weil wir meinen, daß sie eine gute Mischung aus der Beschränkung und aus der Übertragung von Rechten darstellt. Und wahrscheinlich lieben wir sie dann am meisten, wenn wir das Gefühl haben, daß an der Spitze verläßliche Männer stehen, die ein gutes Urteil in den Fragen zu fällen wissen, die alle angehen.

Man kann sagen, daß Marilyn Dich zum Führer ihres Herzens und zum Führer ihrer künftigen Familie gewählt hat. Das gibt Dir erhebliche Autorität, und es ist ein großer Vertrauensbeweis.

Vergiß niemals, daß die Autorität, von der wir hier reden, die Autorität der Liebe ist!

Mir scheint, fast jede Frau, die ich kenne, wünscht sich einen Mann, der weiß, wie er mit Autorität lieben muß.

Übernimm Verantwortung!

Dein Vater

# Sei freundlich

LIEBER STEFAN,

als ich eines Tages in mein Sprechzimmer trat, erwartete
mich eine sehr attraktive Frau. Ich setzte mich, sah über den
Schreibtisch und hatte das Gefühl, daß sich etwas ganz Besonderes ereignen würde. Und so war es auch.

„Man hat mir gesagt", begann sie. „daß Sie gern Geschichten über ideale Ehemänner hören. Deshalb dachte ich, Sie
sollten einmal etwas von Mark erfahren. Ich halte ihn für
wunderbar, und ich möchte Ihnen erzählen, warum das so
ist.

Von meinem ersten Schultag an", fuhr sie fort, „und dann
die ganze Schulzeit hindurch, rissen alle nur Witze über
meine Beine. Sie sehen ja selbst, daß sie wie Baumstümpfe
sind."

Sie stand auf, und ich sah, daß sie recht hatte. Man sollte
meinen, es müßte sie verlegen machen, so über sich selbst
zu sprechen. Aber sie wirkte so völlig natürlich, daß ich

ihre Ruhe bewunderte und dachte: Das ist einmal eine Frau!

„Sie wissen doch, wie Kinder sind", erzählte sie weiter, als sie sich wieder gesetzt hatte. „Sie können grausam sein. Manchmal, als ich noch klein war, habe ich mich in den Schlaf geweint. Als ich älter wurde, lachte ich mit den anderen, um meine Gefühle zu verbergen. In der Oberschule hatte ich ein paar Verabredungen, aber ich ging immer nur wenige Abende mit demselben Jungen aus. Den Grund können Sie sich denken.

Auf der Universität lernte ich Mark kennen. Er gefiel mir vom ersten Augenblick an. In seiner Nähe fühlte ich mich wohl. Niemals erwähnte er meine Beine mit einem einzigen Wort. Aber ich tat es. Ich wollte mich eben versichern, wissen Sie. Und dann nahm er eines Abends meine Hände und sagte: ‚Francis, du solltest endlich aufhören, dir selbst wehzutun! Gott hat dir gute, feste Beine gegeben. Sie schenken mir immer ein Gefühl der Sicherheit, und das gefällt mir!' Und wissen Sie, was ich da getan habe? Ich habe geweint.

Und als er mich eine Woche darauf mit heimnahm, um mich seiner Mutter vorzustellen, hätte ich wieder weinen mögen. Sie war ein Krüppel. Sie trug hohe orthopädische Schuhe und hinkte stark. Ich sah Mark an und er mich, und ich glaube, ich liebte ihn in diesem Augenblick so sehr, wie noch nie ein Mensch einen anderen geliebt hat.

Das war vor dreizehn Jahren", schloß sie, „und heute kann ich wirklich über meine Beine lachen. Verstehen Sie jetzt, warum ich ihn wunderbar finde? Es gibt nichts in der Welt, was ich nicht für Mark täte!"

Und das meinte sie ganz ernst, Stefan. Warum? Weil Gott die Frauen nun einmal so erschaffen hat. Sie tun alles für

Dich, wenn Du ihnen nur das Gefühl gibst, auch ihre Fehler zu lieben, wenn Du ihre starken Seiten hervorhebst und jenen hohen Grad der Freundlichkeit erreichst, der zu sagen scheint: „Genau diese Mischung gefällt mir! Ich liebe dich ganz und gar, genau wie du bist!" Die Psychologen sprechen von „Annahme", und Du wirst noch selbst herausfinden, daß es sich hier um ein sehr solides Bindemittel für eine gute Ehe handelt.

Ob es sich nun um plumpe Beine, eine „Familiennase" oder irgendeine andere körperliche Eigenheit handelt, darauf kommt es nicht an. Wenn Du Dich in Deiner Rolle als Verantwortlicher ganz sicher fühlen willst, dann solltest Du Dich zu dieser Freundlichkeit erziehen.

Ich verwende hier das Wort erziehen, denn die meisten von uns sind von Natur aus ichbezogen. Ob das nun ein von alters her überkommener Selbstbehauptungstrieb ist, ob ein Ergebnis des Familienerbes oder sonst etwas, darauf kommt es nicht an. Tatsächlich sind wir nun einmal so beschaffen. Es mag auch dahingestellt sein, ob Männer oder Frauen schwerer damit fertigwerden. Ich selbst glaube, daß diese Ichbezogenheit uns Männer stärker befällt. Aber nach dem, was ich aus meiner eigenen Ehe weiß und in anderen beobachtet habe, weiß ich, daß kaum eine Frage wichtiger ist als diese: Bin ich bereit, mich von meiner eigenen Ichsucht fortzuentwickeln, bis ich mich wirklich ehrlich um die Gefühle anderer sorge?

In einem Punkt kannst Du bei Marilyn ganz sicher sein — wie jede gesunde Frau trägt sie etwas in sich, das auf Freundlichkeit einfach ansprechen muß.

Sei freundlich!

Dein Vater

## Fang vor dem Spiegel an

LIEBER STEFAN,

erinnerst Du Dich, daß Du eines Tages aus der Schule kamst und mich fragtest: „Was habe ich eigentlich davon, wenn ich weiß, was dieser Macbeth irgendwann zu irgendwem gesagt hat?"
Du wirst zugeben, die Frage war ungewöhnlich. Mir fiel keine halbwegs plausible Antwort ein. Das tut mir heute noch leid. Bald darauf kamen mir nämlich eine ganze Reihe verständiger Antworten in den Sinn. Aber so ist das nun einmal. Manche Gelegenheiten bieten sich nur ein einziges Mal. Damals blieb ich stumm, und Shakespeare verschwand aus Deinem Leben.
Es lag nicht daran, daß Du nicht das Zeug dazu hattest, Deine Examen in englischer Literatur zu bestehen, sondern daß die englische Literatur Dich nicht ansprach, weil niemand Dir ihre Bedeutung für Dich klarmachen konnte. Die Amateurfunkerei hingegen bedeutete Dir etwas, und ich

war sehr stolz, als Du damals einen Sender in zwei Tagen und einer Nacht zusammenbasteltest (hintereinander, meine ich, ohne jeden Schlaf). Der Besitzer hatte gemeint, Du würdest ihn nur endgültig hinmachen, wenn Du Dich allein an die Arbeit wagtest. Aber Du hast Dich auf die zweitausend Einzelteile gestürzt, und als Du das Gerät zum erstenmal einschaltetest, arbeitete es einwandfrei.

So warst Du immer. Du konntest alles, was Du wirklich wolltest.

Darum freue ich mich über einen Satz, den Du sagtest, als Du mich um diese Briefe batest. Er lautete: „Ich möchte, daß Du mir die Briefe schreibst, weil ich noch viel lernen muß, wenn ich ein guter Ehemann werden will."

Im Laufe des Jahres habe ich viele Männer erlebt, die sagten: „Wenn *sie* sich nur ändern wollte, dann wäre alles in bester Ordnung." Selbstverständlich stimmt es nicht, daß nur einer an allen Ungelegenheiten schuld ist. Aber auf eines kannst Du Dich verlassen — eine Frau ist viel eher bereit, ihre eigenen Fehler einzugestehen, wenn der Mann ihr gezeigt hat, daß er sich zu seinen eigenen bekennt.

Deshalb freue ich mich über Deine Bitte und die Art, wie Du sie begründet hast. Wenn Du bei dieser Einstellung bleibst, dann wird sie zu einem sicheren Trumpf in Eurem Zusammenleben werden.

Ein untrügliches Kennzeichen für einen verantwortungsbewußten Mann ist es, wenn er in den Spiegel schauend sagen kann: „Mit dir da fangen wir an!"

Bleib demütig!
Dein Vater

## Bitte sie, Dir wachsen zu helfen

Lieber Stefan,

bestimmte Worte finden im Herzen jeder Frau ein Echo. Sie lauten: „Ohne dich hätte ich es nicht geschafft!" oder: „Das alles verdanke ich dir!" Solch ein Lob verfehlt nie seine Wirkung, weil der Frau der Wunsch angeboren ist, ihrem Mann wertvoll zu sein. Bei guten Frauen wirst Du kaum Ausnahmen von dieser Regel finden.

Da Du vor dem Spiegel angefangen hast und weißt, daß es Deine Aufgabe ist, ein guter Ehemann zu sein, hast Du den Fuß schon auf die nächste Stufe gestellt.

Die liebevolle Annahme des Partners bedeutet nicht, daß Ihr einander für vollkommen halten müßt. Denke daran, daß es zwei Arten von Fehlern gibt. Die einen können nicht behoben werden. Sie müßt Ihr in Eure Liebe als Stützen des ganzen Gebäudes einfügen. Es gibt aber auch andere Fehler, die man ablegen kann, und Ihr handelt weise, wenn Ihr an diese Fehler gemeinsam und klug herangeht.

Selbstverständlich braucht man dazu das Gefühl für den rechten Augenblick. Es gibt Tage, an denen wir keinerlei Neigung verspüren, uns zu bessern. Manchmal brauchen wir unsere ganze Kraft einfach zum Weiteratmen. Andere Gelegenheiten sind nicht für Analysen geeignet, sondern dafür bestimmt, sich aneinander zu freuen, wie man nun einmal ist.

Manche Paare sind zu ungeduldig. Manche Ehefrauen tadeln zu häufig. Ich sehe wahrhaftig schon genug Feldwebel-Typen in meiner Praxis. Es ist gar nicht nötig, daß Ihr diese Schar durch Eure Ehe noch vergrößert. Hast Du aber Deiner Frau erst das Gefühl gegeben, daß Dir ihre Anregungen willkommen sind, so wird sie lernen, diese Ratschläge Schritt für Schritt zu geben, wie eine gute Frau es tun sollte.

Selbstverständlich bist Du klug genug, um dieses Unternehmen nicht mit den Worten zu beginnen: „Ich akzeptiere die Gebiete, auf denen du dich nicht ändern kannst, aber auf anderen könntest du wesentlich besser sein. Wir wollen doch einmal gemeinsam sehen, wie wir diese Marilyn gutmachen können!"

Offensichtlich wäre das nicht der richtige Weg. Als ein kluger Ehemann wirst Du anders vorgehen und etwa sagen: „Ich freue mich über deine Liebe, aber tatsächlich habe ich auch meine Fehler. Und weil ich viel von deinem Urteil halte, bitte ich dich, mir zu helfen, ein besserer Mann zu werden."

Sie wird einige Zeit brauchen, um den Schock zu überwinden, daß Du nicht vollkommen bist, und daß sie einen so ehrlichen Mann geheiratet hat. Dann kannst Du ein Stückchen weitergehen und sicher sein, daß sie zur Mitarbeit bereit ist.

Jetzt kannst Du ihr auseinanderlegen, daß sie Dir helfen kann, mehr zu verdienen, wenn sie ihre rosarote Brille abzunehmen bereit ist. Man behauptet ja, Geld spräche eine beredte Sprache — und diese Sprache wird auch Marilyn verstehen.

Wenn sie gründlicher darüber nachdenkt, wird sie merken, daß es Dir mit Deinen Worten durchaus ernst ist, und daß es ihr damit ebenso ernst sein sollte.

Es gibt viele Männer, die durch seltsame Angewohnheiten und ungeschicktes Benehmen in ihrer Entwicklung gehemmt sind. Ich kenne zum Beispiel einen Geistlichen, dem kürzlich die Berufung an eine bedeutende Kirche versagt blieb, weil er die Gewohnheit hat, furchtbar mit den Augen zu rollen, wenn er jemanden beeindrucken will. Wenn Du jetzt meinst, es sei doch recht kleinlich, ihn wegen einer solchen Äußerlichkeit abzulehnen, dann glaube mir, daß so etwas durchaus nicht nur in der Kirche geschieht.

Tatsächlich sind alle nachstehend aufgeführten Gründe schon dafür maßgeblich gewesen, daß Männer im Geschäftsleben nicht weiterkamen: Er knackt mit den Knöcheln; er reinigt seine Fingernägel in der Öffentlichkeit; er läßt die Asche fallen; er lispelt; er zieht die Luft durch die Zähne ein; er kaut an Zahnstochern; er zupft ständig an seinen Augenbrauen; er schlägt immer die Beine übereinander; er streicht dauernd sein Haar zurecht. In der Welt des Handels und Wandels hängen Erfolg oder Mißerfolg oft vom ersten Eindruck ab, den jemand macht. Da können solche Dinge darüber entscheiden, ob ein Mann vorankommt, zurückgesetzt wird oder stets auf demselben Posten bleibt.

Deshalb hast Du vielleicht schon einen großen Schritt vorwärts getan, wenn Du Deine Frau zur Ehrlichkeit erziehst.

Wenn sie dann die verschiedensten kleinen Dinge zu Deiner Verbesserung vorschlägt, solltest Du Dir angewöhnen, zunächst immer Danke schön! zu sagen. Und wenn Du dann ganz sicher bist, daß Du nicht streiten willst, nicht gekränkt bist und nicht versuchst, ihr die Beanstandung heimzuzahlen, kannst Du hinzufügen: „Ich habe noch gar nicht gewußt, daß ich das tue. Wir beide sind ein großartiges Paar!"

Dieses Wort Paar ist unbezahlbar! Ich erinnere mich aus meiner Eheberatung tatsächlich an keinen einzigen Fall, in dem die Eheleute auseinandergehen wollten, wenn sie noch das Gefühl hatten, eine Besserung sei möglich. Hingegen kenne ich Dutzende von Fällen, in denen sie es aufgaben, weil sie spürten, daß ihre Verbindung ihnen nicht mehr weiterhalf.

„Wir passen nicht zusammen" ist die am häufigsten gegebene Begründung für das Auseinanderbrechen von Ehen. In vielen Fällen bedeuten diese Worte nur, daß die Partner es müde geworden sind, einander offensichtliche kleine Lügen zu sagen. Ihre Ehe ist zu dauernder Unaufrichtigkeit geworden, und jede Zukunft ist besser als eine solche Gegenwart. „Heim" bedeutet so vielerlei. Das Heim ist ein Hafen. Das Heim ist Entspannung und Bequemlichkeit. Hier braucht man keine Fassade aufzubauen, hier darf man ganz „selbst" sein. Ein rechtes Heim ist auch die Stätte, an der zwei Menschen sich bemühen, gemeinsam bessere Menschen zu werden. Entwickelst Du Deine Ehe in dieser Richtung, so bieten sich Dir unbegrenzte Möglichkeiten. Wir sagten schon anfangs, daß die Frau ihrem Mann nützlich sein, daß sie ihm etwas bedeuten will. Wenn Du sie also bittest, Dir beim Wachsen zu helfen, wenn Du ihre Anregungen annimmst und ihr dafür dankst, dann wird sie eines Tages den umgekehrten Weg gehen und Dich bitten, ihr zu helfen. Warum? Weil sie spüren wird, daß sie mit einem reifenden Mann verheiratet ist, und sie wird mit ihm wachsen wollen.

Ich brauche Dir nicht erst zu sagen, daß unsere Gesellschaft dringend Menschen braucht, die ständiges Wachstum in das Fundament ihres Lebens mit einbauen. Solche Menschen sind unsere Hoffnung von morgen.

Du hast Großes geleistet, wenn Du Deine Ehe so führst, daß Ihr gemeinsam sagen könnt: „Wir wollen nicht nur gut zueinander sein, sondern auch füreinander und für die Welt!"

Wachst weiter!

Dein Vater

## Sei immer zum Gespräch bereit

LIEBER STEFAN,

in meinem Sprechzimmer höre ich viele Klagen von Ehefrauen. Ganz oben auf der Liste stehen die Klagen über
mangelnde Gesprächsbereitschaft. Seit einiger Zeit habe
ich mir eine kleine Sammlung von „Worten einsamer
Frauen" angelegt. Hier sind drei Kostproben daraus:
„Sie haben schon von einer steinernen Maske gehört? Nun,
ich habe eine geheiratet!"
„Das einzige, was ich von meinem Mann beim Frühstück
sehe, ist die Hand, die hinter der Zeitung hervor nach der
Kaffeetasse greift."
„Ob Sie es glauben oder nicht, mein Mann bringt es fertig,
tagelang mit einem einzigen Wort auszukommen. Das
heißt, wenn ich ehrlich sein soll, manchmal sagt er es zwei-
mal, um ihm einen anderen Sinn zu geben. Sein ganzes
Vokabular lautet: ‚Hm' und ‚Hmhm'."
Die Frauen sagen damit, daß es schrecklich ist, mit einem

Mann verheiratet zu sein, der nicht redet. Freilich gibt es auch Männer, die nie den Mund halten können, aber auf einen von ihnen kommen Dutzende von anderer Sorte. Das ist aber nicht der Weg, seine Frau zu behandeln. Wenn sie nämlich nicht gerade ein seltenes Exemplar an Einfalt ist, möchte sie gern wissen, was im Kopf ihres Mannes vorgeht.

Das ist für den Mann besonders wichtig, denn seine Rolle außerhalb des Hauses drängt ihn oft in die entgegengesetzte Richtung. Jeder, der einmal irgendwo angestellt war, weiß, daß man oft genug „Jawohl!" sagen muß, wenn man eigentlich sagen möchte: „Mein Herr, Sie sind ein alter Trottel!"

Die meisten Männer nehmen das als unvermeidlichen Bestandteil ihres Berufs hin. Aber es ist unnatürlich. Manche Psychiater behaupten, es sei so etwas wie ein langsamer Selbstmord, wenn wir beständig Masken tragen, uns hinter Fassaden verbergen und unsere wahren Gefühle verschweigen — falls wir nicht ein anderes Auslaßventil dafür finden.

Vor diesem Hintergrund gewinnt die Kunst des Gesprächs in der Ehe eine wichtige Bedeutung. Sie ist eine besondere Art Lebensversicherung. Aber billig ist diese Versicherung durchaus nicht.

Sie verlangt, daß wir besondere Gesprächszeiten in unseren Tageskalender einplanen. Die meisten Ehepaare glauben nicht, daß gerade das Gespräch zu den kleinen Freuden gehört, die am ehesten im Getriebe des Alltags verkümmern. Aber das ist unbestreitbar. Kinder und Beruf, gesellschaftliche Verpflichtungen, Sitzungen, Fernsehen, Sport — Dutzende, Hunderte, Tausende von Dingen bedrohen ernsthaft die Kunst des Gesprächs.

In der Eheberatung frage ich die jungen Brautleute immer, wie gut es denn um ihre Gespräche steht, und fast ausnahmslos antworten sie: „Das ist gerade unsere besondere Stärke!" Einige Jahre später aber beklagen sie sich: „Er sagt kein Wort!" „Sie ist so verschlossen!" Durch diese und andere Klagen zeigen sie, daß von dem Mitteilungsdrang der Verliebten nichts mehr geblieben ist, den sie doch für eine der besonderen Wohltaten ihrer Gemeinsamkeit hielten.

Du bist ein kluger junger Ehemann, wenn Du Dir fest vornimmst, daß es in Deinem Hause nicht dazu kommen soll.

In den ersten Monaten unseres Zusammenlebens fiel es Deiner Mutter und mir sehr schwer, uns ganz füreinander zu öffnen. Das überraschte uns beide. Wir kannten uns seit Jahren und hatten nicht gemerkt, daß es in jedem von uns unberührte Gebiete gab. Und doch gab es sie.

Als wir gemeinsam darüber nachdachten, wurde uns klar, daß mein Grübeln über die Vergangenheit und ihre starke Beschäftigung mit sich selbst zu nichts Gutem führen konnten. So beschlossen wir, dies zu ändern, und kamen überein, wenigstens darüber zu sprechen, ob es überhaupt noch eine Gesprächsmöglichkeit zwischen uns gebe.

Sobald wir diesen Vorsatz in die Tat umsetzten, merkten wir, daß manche Gründe für unsere Zurückhaltung längst nicht mehr bestanden (das ist eine wichtige Entdeckung! Sobald man erkennt, daß man nicht mehr an seine Vergangenheit gekettet zu sein braucht, hat man einen wichtigen Schritt vorwärts getan). So verabredeten wir, daß jeder versuchen sollte, ein Stück mehr von sich zu zeigen. Dazu stellten wir eine Reihe von Regeln auf, die dazu helfen sollten.

Selbstverständlich wurde unser Abkommen niemals niedergeschrieben und als Dokument unterzeichnet. Es war ein stilles Abkommen. Ich schreibe nur die Grundsätze auf, die wir seinerzeit in unsere Herzen schrieben.

1. *Wir wollen versuchen, beste Freunde zu sein.*
Da Freundschaft sich auf gemeinsam verbrachte Zeit gründet, wollen wir wenigstens einmal täglich einander besuchen. Wir wollen unseren Tagesplan darauf abstellen und ihn gegen alle Tagesgeschäfte verteidigen.
2. *Einmal wöchentlich wollen wir gemeinsam ausgehen.*
Jede Gelegenheit, in der Seele des anderen zu lesen, ist gut angewandte Zeit. Weder Kinder noch Freunde, weder die Haushaltskasse noch Sitzungen, weder die Tyrannei des „Du mußt" noch die des „Du solltest eigentlich" soll uns etwas von unserer gemeinsamen Zeit stehlen.
3. *Wir wollen immer ehrlich sein.*
Voraussetzung dafür ist die Ehrlichkeit vor uns selbst. Deshalb werden wir einige Zeit auf gesunde Selbstanalyse verwenden. Durch Lektüre, Studium und Diskussion werden wir zu ergründen suchen, wie unsere persönliche Vergangenheit auf unsere Ehe einwirkt.
4. *Nach Möglichkeit wollen wir uns nicht länger als 48 Stunden voreinander verstecken.*
Da völlige Ehrlichkeit sich nicht immer nach Terminen richten kann, wollen wir (falls es noch nicht möglich ist, unsere Gefühle in Worte zu kleiden) wenigstens zugeben, daß wir noch mit uns kämpfen und weitere Geduld benötigen.
5. *Wir wollen nach völliger Vergebung streben.*
Wir werden vielleicht fragen, aber niemals verurteilen. Wir wollen versuchen, zwischen uns eine Atmosphäre zu schaffen, in der das Geständnis mit Verständnis gehört

wird. Wir wollen dankbar dafür sein, daß wir eine Stätte haben, an der wir ganz wir selbst sein dürfen.

6. *Wir wollen die Privatsphäre des anderen achten.*
Wir wollen nicht durch allzu heftiges Drängen alles verderben. Obwohl wir wissen, daß alles Verborgene zerstörerisch wirken kann, wollen wir einander diese innerlich zerstörende Kraft zubilligen. Da die Selbstoffenbarung von innen her kommen muß, wollen wir nicht versuchen, sie zu erzwingen.

7. *Wir wollen daran denken, daß Geheimnis ein Segen ist.*
Da es eine ganze Lebenszeit erfordert, die Trennungen selbst in der vollkommensten Verbindung zu überbrücken, wollen wir freundlich sein. Wir wollen mit aller Kraft lieben, was uns heute gegeben ist, und erwartungsvoll auf das Morgen hoffen.

Das alles waren selbstverständlich anzustrebende Ziele. Nach dem ersten mächtigen Ansturm kann man einen erheblichen Teil des Weges zum Himmel stets nur sehr langsam und mühselig zurücklegen. Es kann schrecklich sein, einen anderen Menschen in sein Herz eindringen zu lassen. Manchmal ist es gewagt. Es kommen dabei Dinge zu Tage, von denen wir selbst nichts wußten — und zu ihnen gehört der Widerstand. Das ist der psychologische Ausdruck für das Zuschlagen von Türen, für schnelles Davonlaufen und für den Satz: „Wir wollen das alles so schnell wie möglich vergessen!"
Darum gelingt es so wenigen Menschen, füreinander völlig durchsichtig zu werden. Aber es kann gelingen. Und wenn Du liebevoll daran arbeitest, wirst Du eines Tages diese hohe Ebene erreichen, die den tapferen Seelen vorbehalten ist, die gemeinsam auch durch Tiefen gingen.

Ich habe über ein Dutzend Ehepaare kennengelernt, die fünfzig Jahre miteinander gelebt hatten, und drei, die sogar sechzig Jahre verheiratet waren. Sie gehörten ganz verschiedenen sozialen Gruppen an, aber eines hatten sie gemeinsam: Ob es nun der wetterzerfurchte Farmer aus Nebraska war oder der glattgesichtige Bankier aus einer unserer Großstädte, der Schulhausmeister aus einer Kleinstadt oder der Präsident einer führenden Universität — er und diese Frau neben ihm hatten gelernt, sich miteinander in einer vollkommenen Gemeinschaft zu teilen.

Das ist ein großes Wort — Gemeinschaft. Im Laufe der Jahre gewinnt es immer größere Bedeutung. Sexuelle Wünsche verblassen, der Wunsch nach anregenden Erlebnissen läßt erheblich nach. Geldsorgen bleiben vielleicht erhalten, wie viele andere Sorgen und Ängste. Eines aber nimmt auf jeden Fall beständig zu, nämlich das allmähliche Öffnen zweier Herzen, die einander im innersten Kern ihres Wesens empfangen wollen. Das Geheimnis eines langen Lebens, innerer Gesundheit und vollkommener Einheit besteht darin, daß es gelingt, das wirkliche Ich immer mehr an die Oberfläche zu bringen.

Sprecht miteinander!

Dein Vater

## *Sage ihr, was Dir gefällt*

Lieber Stefan,

als Ehemann habe ich mir vorgenommen, dreierlei täglich zu tun:

1. meiner Frau zu sagen, daß ich sie liebe,
2. ihr irgendeinen Gefallen zu tun,
3. ihr ein Kompliment zu machen.

Das klingt nur so einfach. Wenn du aber versuchst, eine regelmäßige Übung daraus zu machen, wirst du bald merken, daß auch hier das Sagen leichter ist als das Tun. Und am schwierigsten ist vielleicht der dritte Vorsatz zu erfüllen.

Psychologen geben mehrere Gründe für unsere Zurückhaltung auf diesem Gebiet an. In manchen Fällen, so sagen sie, kommt sie aus einer inneren Feindseligkeit; wir sind auf die ganze Welt böse, die Menschen sind keineswegs gut, also nieder mit den Menschen! Oder es kann auch sein, daß uns Komplimente immer ein wenig verlegen machen. Warum sollten wir also andere Menschen dieser Verlegenheit aussetzen?

Ich meine jedoch, daß es einen tieferen Grund hat, wenn viele Ehemänner so sehr mit Komplimenten geizen. Es wird wohl daran liegen, daß wir eben Menschen sind, und daß der Mensch von Natur aus dazu neigt, selbstsüchtig zu sein. Den größten Teil unserer Zeit bringen wir damit zu, uns mit uns selbst und unseren eigenen Gefühlen zu beschäftigen. Wir haben nicht die Zeit oder nehmen sie uns nicht, einmal darüber nachzudenken, was ein gutes Wort für einen anderen Menschen bedeuten könnte.

Du darfst mir glauben, daß jede Frau, die diesen Namen verdient, geradezu süchtig die Anerkennung ihres Mannes ersehnt. Und die einfachste Möglichkeit, ihr diese Anerkennung zu zeigen, besteht nun einmal darin, sie auszusprechen. Es gibt vielerlei andere Möglichkeiten, gewiß, aber vom weiblichen Standpunkt aus gesehen ist die ausgesprochene Anerkennung die sympathischste.

Einer der Gründe für diese Tatsache ist folgender: Marilyn hat mancherlei Wünsche, aber zu den größten gehört der Wunsch, dir zu gefallen. Wenn in Eurem Heim alles in Ordnung ist, besteht die Aussicht, daß sie mehr an Dich denkt als Du an sie. Gibst Du ihr etwas Gutes, woran sie denken kann, so tust Du damit ihr, Dir selbst und Eurer künftigen Gemeinsamkeit einen Gefallen.

Ein Sprichwort sagt: „Wie der Mensch in seinem Herzen denkt, so ist er." Das gilt auch für Deine Frau. Gibst Du ihr eine liebenswerte Vorstellung von ihr selbst, so wird sie versuchen, dieser Vorstellung zu entsprechen. Deshalb ist es so wichtig, was Du ihr sagst. Einmal kommt die Zeit, da sie Deine Vorstellung von ihr als ihr Bild von sich selbst betrachtet. Ich habe manche einfache Frauen immer hübscher werden sehen, weil ihre Männer ihnen sagten, sie seien hübsch. Leider habe ich aber auch manche Frau erlebt, die immer mehr verwelkte, weil sie nicht mehr aus der Quelle gespeist wurde, die ihr am meisten bedeutete.

Das alles führt uns zu fünf wichtigen Worten: *„Sage ihr, was Dir gefällt!"*

Zu dieser Hauptforderung will ich Dir eine Reihe von Komplimenten nennen, die ich gehört oder zu meinem eigenen Vorteil selbst ausgesprochen habe.

„Du bist keine Frau — du bist ein denkwürdiges Ereignis!" Dieser Satz kann manchmal mehr bewirken, als Du Dir ausmalen kannst. Später werde ich Dir auch meine Gedanken über die Sexualität schreiben, und wir werden uns dann eingehender mit diesem Thema beschäftigen. Aber schon hier muß ich sagen, daß Du klug daran tust, ihr Äußeres zu loben und ihr zu sagen, was Dir daran besonders gefällt. Das kann nicht schwierig sein. Suche Dir die Dinge heraus, die Dich besonders anziehen und sage ihr, was Du davon hältst — ihre Haarfarbe, ihre Augen, ihre Stimme —, nun, Du wirst es selbst schon herausfinden.

Du kannst getrost das ganze Familiensilber darauf wetten, daß sie dankbar sein wird, wenn Du ihr sagst, daß Du manches an ihr für die vollkommenste Offenbarung der Natur hältst. Ich kenne Männer, die es darin zu genialen Leistungen gebracht haben, weil sie sich darin schulten und sich unablässig übten und schließlich zu Resultaten gelangten, die man nicht für möglich halten möchte. Einer von ihnen ist mit einer so formvollendeten Frau verheiratet, daß man nicht normal wäre, wenn man nicht zweimal hinsähe. Du würdest es nicht glauben, Stefan, wenn Du sie vor 15 Jahren gesehen hättest, als sie gemeinsam vor dem Altar standen. Vielleicht hatte der Mann schon damals das

Gefühl, daß unter ihrer Üppigkeit eine Schönheit steckte, die sich entfalten wollte. Manche Männer lieben solche Herausforderungen. Sie fühlen sich gern als Helden. Jedenfalls dachte ich (verzeih mir) in dem Augenblick, als sie den Altar verließen und auf die Kirchentür zuschritten, daß diese Frau in fünfzehn Jahren wie die Kreuzung zwischen der Rückseite eines Omnibus' und einer Wagnersängerin aussehen werde. Dieser Fall soll Dir nur zeigen, welche Wunder ein Mann vollbringen kann, der genau weiß, was er tut. Aber gehen wir weiter zu einem anderen Kompliment, das Frauen gern hören.

„Liebes, dein Himbeercreme ist ein Meisterwerk!" – Kannst Du Dir vorstellen, mein Junge, was für ein ungeheures Unternehmen es ist, eine gute Mahlzeit auf den Tisch zu bringen? Planen, Vorbereiten, Einkaufen, Kochen, Tischdecken, Auftragen — und dann alles wieder in umgekehrter Reihenfolge, wenn das Mahl vorüber ist. Tatsächlich ist eine gute Mahlzeit eine solche Leistung, daß es als Sünde gelten müßte, sie herunterzuschlingen und dann ohne ein gutes Wort wieder an die Sportübertragung im Fernsehen zu gehen. Bei manchen Gelegenheiten kann nur ein Narr darauf verzichten, durch eine Investition hundertprozentigen Gewinn zu erzielen. Hier ist eine dieser Gelegenheiten, und die ganze Investition besteht nur aus den Worten: „Das war ein großartiges Mittagessen! Ich danke dir!"

Ein erfahrener Ehemann gab mir diesen Hinweis über Mahlzeiten und männliche Komplimente. „Mit meiner Methode", sagte er, „locke ich meine Frau selbst aus den trübsten Stimmungen, ohne daß sie selbst es merkt. Wenn ich sehe, daß sie besonders niedergeschlagen ist, bitte ich sie, ein großes Essen aus all den Speisen zuzubereiten, die ihr besonders gut gelingen. Und dann schlage ich ihr vor, die Kinder einzuladen. Da sitzen wir dann und erklären, daß kein Mensch auf der Welt solche Brathähnchen zustande bringt, daß die Pommes frites nirgends so knusprig werden, der Pudding nirgends so köstlich schmeckt wie bei unserer Mutter. Und wenn erst jeder seinen Teller zum zweitenmal vollgehäuft und neues Lob hinzugetan hat, fühlt sie sich wieder ausgezeichnet!"

Selbstverständlich wirkt das nicht bei jeder Frau. Aber ein Mann, der stets darauf achtet, was seine Frau braucht und ein wenig mit dem Kopf arbeitet, kann immer herausfinden, womit er sie besonders erfreuen kann.

Die meisten Frauen kennen ihre Stärken sehr genau. Deshalb solltest Du ihre Besonderheiten sorgsam studieren und prüfen, wie sie sich in Euer Zusammenleben einfügen lassen.

Damit kommen wir zu einem Kompliment, das immer und in jeder Altersstufe wirkt: „Du wirst von Tag zu Tag besser!" Wenn Du das nicht wirklich glaubst, wirst Du es selbstverständlich nicht sagen. Aber wenn Du gar nichts finden kannst, was nach einer Verbesserung aussieht, dann bist Du entweder blind, oder Du solltest Dir größere Mühe geben. Irgend etwas an ihr ist ganz bestimmt besser als es noch vor einigen Jahren war, oder in der vergangenen Woche oder auch gestern. Solche Feststellung wirkt immer sehr gut, besonders aber bei ganz bestimmten Anlässen.

1. Wenn die Frau sich lange bemüht hat, um einen Fehler zu überwinden oder eine schwierige Aufgabe zu bewältigen.

2. Wenn sie auf das mittlere Alter zugeht und wenn Du das Gefühl hast, sie meinte, sie wäre nicht mehr das, was sie einmal war. Eine Frau wird einem Mann stets

dankbar sein, der ihr glaubwürdig sagt: „Du wirst tatsächlich immer besser!"

Aber jetzt hast Du schon begriffen, was ich meine. Ich habe Dir ein paar besondere Komplimente genannt, über die nachzudenken sich lohnt. Sicher wirst Du Deine eigenen entwickeln, und sie werden die besten sein. Manche von ihnen wirst Du gern vor allen anderen Menschen verschweigen wollen, aber sie bedeuten gerade für Euch zwei etwas ganz Besonderes und lassen ein besonderes Gefühl der Wärme auch dann zurück, wenn Ihr getrennt seid.

Und da haben wir gleich noch etwas sehr Wesentliches, was Lob bewirkt. Es ist der Frau etwas, woran sie sich erinnern kann, wenn Du verreist bist, am Abend auswärts sein mußt, zum Fischen gegangen oder einfach bei der Arbeit bist. Ein tüchtiger Ehemann weiß, wie er bei seinem Abschied den Thermostat einstellen muß, um sein Heim bei der Rückkehr warm und gemütlich vorzufinden.

Ich wollte diesen Brief gerade unterschreiben, als mir noch etwas einfiel. Wenn Du jemals bemerkst, daß sie den Rükken so hält, als wollte sie gestreichelt werden, wenn sie fragt: „Meinst du nicht, das könnte mir gut tun?", wenn sie öfter als sonst vor dem Spiegel steht oder wenn auf sonst irgendeine Weise der Glanz aus ihren Augen geschwunden zu sein scheint, dann wird es höchste Zeit für Dich! Dann ist es nämlich viel zu lange her, daß Du ihr Herz erfreut hast. Sind Frauen komplizierte Geschöpfe? Ja! Aber sie sind auch einfache Seelen, die einfache Dinge lieben, und eines der einfachsten davon ist sehr einfach zu geben.

Ich weiß, es ist kein sehr passender Vergleich, aber ich denke gerade daran, daß unser Hund quer über den ganzen Hof gelaufen kommt, um sich nur einmal den Kopf streicheln zu lassen. Der durchschnittlichen Frau geht es nicht anders. Sie wird durch die ganze Stadt zu Dir kommen, quer durch das Haus, durch das Zimmer, durch Deine Ansichten, quer durch beinahe alles, um Dir ihre Liebe zu zeigen, wenn Du ihr Deine Liebe nur mit ein wenig ehrlicher Anerkennung zeigst.

Es lebe Marilyn!
Dein Vater

## Die Macht der Suggestion

in wenigen Minuten besteige ich das Flugzeug und fliege
heim. Ich hatte hier oben ein paar Vorträge zu halten, und
— wie immer — die Heimreise ist der beste Teil einer Reise.
Aber ich muß Dir noch schnell erzählen, was sich heute
morgen zutrug. Es verdeutlicht, was ich Dir in meinem letzten Brief erklären wollte.
Ich müßte jetzt hinzufügen, daß alles, was ich schrieb, auch
für den Mann gilt. Als ich mich heute früh rasierte, ertappte
ich mich dabei, daß ich lauthals sang: „Nichts geht über
Bärenmarke, Bärenmarke zum Kaffee!"
Nun weißt Du ja, daß ich mich bemühe, meinen Tag mit
Gedanken zu beginnen, die aus einer höheren Quelle als
dem Werbefernsehen stammen. Aber die Werbeagentur
hat ihr Geld bekommen und ihre Arbeit getan. Durch ständige Wiederholung haben sie mir den kleinen Vers so ins
Gehirn gegraben, wie sie es vorhatten.

Du weißt auch, daß ich meinen Kaffee ohne Milch trinke. Aber nähme ich Milch, dann wäre es wahrscheinlich Bärenmarke. Das liegt einfach daran, daß dieses winzige Lied sich in mein Hirn eingefressen hat: „Nichts geht über Bärenmarke!"

Mein Flugzeug wird gerade aufgerufen!

Ich wollte Dir damit nur sagen: Wenn die Macht der Suggestion uns in ihren Bann zieht, kann sie hierdurch etwas bewirken, das uns eigentlich gar nicht interessiert — wie stark muß sie dann erst sein, wenn sie von einem Menschen ausgeübt wird, den wir lieben?

In Liebe,
Dein Vater

## Sage ihr auch, was Dir mißfällt

Lieber Stefan,

nehmen wir jetzt einmal an, es wäre etwas an Deiner Frau, das Du gern geändert sehen möchtest. Du willst aber nicht mit ihr darüber streiten, weil Du annimmst, daß es auch einen besseren Weg geben muß.

Aber Du hast beschlossen, daß die Sache nun endlich auf den Tisch kommen muß, weil es für Deinen inneren Frieden und für die Zukunft Eurer Ehe nötig ist. Was tun?

Ich habe da eine sehr einfache Regel, die ich Dir nicht vorenthalten will. Die Schwierigkeit liegt nicht darin, das Thema anzuschneiden. Wenn Du einen klaren Kopf behältst, kannst Du meist alles der Reihe nach erledigen, wie es sich gerade einstellt.

Darum lautet meine Regel: *Fang damit an, daß Du ihr etwas Angenehmes sagst!*

Nehmen wir an, es handelt sich um den Lippenstift, den Du kürzlich nicht hübsch an ihr fandest. Vielleicht ließ er

43

sie wirklich scheußlich aussehen, aber Du erreichst gar nichts, wenn Du sagst: „Damit siehst Du ja aus wie ein Straßenmädchen!"

Du kannst viel schneller zum Ziel kommen und dabei doch ihre Gefühle schonen, wenn Du ihr ruhig erklärst, Deiner Meinung nach mindere diese bestimmte Farbe ihre natürliche Schönheit.

Du wirst leicht einsehen, daß Du damit mancherlei Gutes getan hast. Du hast ihr zunächst gesagt, daß Du die Marilyn, wie sie im Grunde ist, wirklich liebst, und hast gleichzeitig einen der weiblichen Grundwünsche für Deine Zwecke ausgenützt, stets den bestmöglichen Eindruck zu machen. So hat uns Gott nun einmal erschaffen. Wir alle möchten unsere Umgebung gern so sehr wie möglich beeindrucken.

Merkst Du schon, daß darin fast unbegrenzte Möglichkeiten schlummern? Nehmen wir etwas anderes. Vielleicht gehört sie zu den bescheidenen Mädchen, die wünschen, daß alles Licht gelöscht wird, wenn sie sich auskleiden, um schlafen zu gehen. Sollte man dann sagen: „Bist du eigentlich mit den Puritanern nach Amerika gekommen?" Oder ist es nicht besser, zu sagen: „Aber Liebling, bei deinem Körper..."

Deine Mutter sagt eben, da der Apfel nicht weit vom Stamm falle, dürftest Du die heutige Lektion bereits begriffen haben. Also lasse ich es genug sein. Nur eines noch: Laß Dir nicht einreden, weil Marilyn eine Frau ist, müsse sie notwendigerweise auf alles hereinfallen. Dem ist nicht so. Tatsächlich hat die Frau weit mehr angeborene Intelligenz auf manchen Gebieten als der Mann. Ich gebe es ungern zu, aber nach allem, was ich aus nächster Nähe beobachten konnte, ist es die reine Wahrheit.

Aber wenn sie uns auch immer wieder überlisten, wenn sie uns auch im Denken, im Vorausschauen, im Erfühlen überlegen sind — auf manchen Gebieten kannst Du ihre Aufmerksamkeit auf jeden Fall fesseln. Und daraus ergibt sich die Lehre: Es gibt keine vernünftige Frau auf der Welt, die einen Vorschlag ablehnen würde, der geeignet sein könnte, ihre Verbindung zu dem Menschen, den sie liebt, zu festigen!

Psychologisch gesprochen sind wir so veranlagt, daß wir den Rat anderer Menschen gern annehmen, wenn wir

1. den Menschen, der den Ratschlag gibt, für klug halten (und sie hält Dich selbstverständlich schon deshalb für klug, weil Du sie geheiratet hast).

2. Wenn uns an der Verbindung mit diesem Menschen viel gelegen ist und wir sie gern noch fester knüpfen möchten.

3. Wenn diese Menschen ihre Gedanken über unsere Vervollkommnung vorbringen, daß wir uns geschmeichelt fühlen, ehe wir noch Zeit gefunden haben, uns darüber zu ärgern.

Sag es positiv!
Dein Vater

## *Verlierend gewinnen*

wir haben uns eine ganze Zeit mit Dingen beschäftigt, über die man sprechen kann. Zweifellos gibt es aber andere Dinge, an die man ganz anders herangehen muß.

Ich möchte Dir von einem erfahrenen Ehemann erzählen, der den strategischen Rückzug wählte, um auf die Dauer doch sein Ziel zu erreichen.

Die Tante seiner Frau hatte dem Paar eine Vase aus der viktorianischen Zeit geschenkt, die schon eine kleine Ewigkeit im Familienbesitz war. Der Mann behauptete, „diese Vase sieht aus, wie ein Skiunfall", seine Frau fand, daß sie ein Prachtstück sei. Ihm erschienen die Farben grell und aufdringlich, sie fand sie herrlich (ich sagte ja schon, die Vase stammte aus ihrer Familie).

Aber wie dem auch immer sei, jedenfalls war die Vase riesig, und das war das Hauptproblem. Die Frau bestand darauf, sie im Wohnzimmer als Blickfang aufzustellen, und der einzig hierfür in Frage kommende Platz war einer dieser modernen flachen Couchtische. Er stand mitten im Zimmer, weil es sonst nirgends einen Platz dafür gab.

Lange schien die Riesenvase alles andere in diesem Haus zu beherrschen. Sie beherrschte sogar die Gespräche der Eheleute.

Nun war der Mann aber ein kluger Mann, und so fand er schließlich die Lösung. Er gab zu, daß er sich bisher ungeschickt benommen und seine Taktik ihn nicht weit gebracht hatte. Und so beschloß er, den Rückzug anzutreten.

Er konnte es sich leisten. Er leitete ein großes Unternehmen mit vielen Angestellten und einer täglichen Flut von Weisheit fordernden Entscheidungen. Er war stolz auf seine Fähigkeit, Menschen zu führen, Verkäufer anzufeuern, Märkte einzuschätzen und die vielen Seiten einer Situation zu überblicken.

Nachdem er sein Denkvermögen auf den Skiunfall konzentriert hatte, legte er sich einen Plan zurecht. Noch am selben Abend kam er nach Hause und regte an, das Wohnzimmer umzuräumen.

„Nein!" entgegnete seine Frau. „Ich weiß schon, was du willst! Die Vase bleibt, wo sie ist! Sie ist ein kostbares Stück, ein wertvolles Erbe, et cetera, et cetera."

Zu ihrer Überraschung gab er nach und sagte: „Lillian, es tut mir leid, ich habe mich wie ein Dickkopf benommen. Ich gebe auf, die Vase kann bleiben, wo sie ist, aber rundum können wir doch den Raum verändern."

Als die Frau ihre erste Überraschung überwunden hatte, gingen sie gemeinsam daran, genau das zu tun, was der Mann geplant hatte. Wenn ein Mann kapituliert hat, kann die Frau schließlich nicht nein sagen, wenn es sich um eine Kleinigkeit wie das Verrücken von ein paar Möbeln handelt. Außerdem gefiel ihr das Umräumen immer sehr. Es gehörte zu ihren Lieblingsspielen.

An dieser Stelle muß ich Dir noch einiges über dieses Ehepaar sagen. Beide lieben ihr Heim mehr als andere Menschen. Es ist wunderschön. Sie lieben auch einander sehr, und auch das ist wunderschön. Ihre Lieblingsbeschäftigung ist es, nach den Mahlzeiten beisammen zu sitzen, zu lesen, zu reden, manchmal auch nichts zu sagen oder kleine und große Dinge aus ihrem Tageslauf zu besprechen.

Und nun richtete der Mann es so ein, daß sein Sessel genau ihrer Lieblingsecke auf der Couch gegenüberstand. Und genau zwischen ihnen stand der Skiunfall (oder das kostbare Erbstück).

Er behauptet, er habe schon am ersten Abend das Gefühl gehabt, endlich doch Sieger bleiben zu müssen. Während des Lesens fragte sie wie gewöhnlich: „Harry, hast du eigentlich das hier gelesen?" Dann reckte sie den Hals, um zu sehen, ob er ihr zuhörte, und er reckte ebenfalls den Hals und versicherte, er habe es gelesen.

So ging es einige Zeit. Selbstverständlich benutzte er auch noch andere „Vasenrücker", wie er es nannte. Er sagte zum Beispiel: „Weißt du, Liebling, nichts finde ich so schön, wie hier abends zu sitzen und dich anzusehen."

„So geht es mir auch", sagte sie und schielte um die Vase.

Manchmal stand der eine oder der andere auch auf und wechselte zur anderen Seite hinüber, um etwas Besonderes zu zeigen. Bei solchen Reisen geriet öfters der Familienschatz in Gefahr (der Mann sagte mir, er habe es niemals absichtlich getan, und ich glaube ihm).

Den Ausgang hast Du schon erraten. Einige Wochen später kam der Mann heim — und wo war die Vase? Sie stand im Speisezimmer in einer Ecke auf dem Fußboden.

Er gestand mir, daß er in diesem Augenblick beinahe einen schrecklichen Fehler begangen hätte. Er hatte schon gesagt: „Ich sehe, du hast ..." Aber dann unterbrach er sich noch rechtzeitig. „Ich sehe, du hast dein Haar neu frisieren lassen", sagte er. „Genauso hast du es getragen, als ich dich zum erstenmal gesehen habe! Mir gefällt es sehr gut!"
Ich fragte ihn, ob sie jemals wieder über die Vase gesprochen hätten. „Aber nein!" schrie er beinahe. „Warum sollten wir denn?"
Mir scheint es fast unmöglich zu sein, daß ein Mann so edel sein kann. Wie hat er es nur über sich bringen können, nicht ein einziges Mal (wenigstens ein kleines bißchen) mit seinem Sieg zu prahlen! Aber manche Männer haben eben wesentlich mehr als ich von dem, was dazu gehört, ein edler Mensch zu sein.
Manchmal habe ich mich schon gefragt, wo die Vase wohl heute Staub sammelt. Im Keller? Auf dem Boden? Im Wandschrank auf dem Flur? Da ich ihn kenne, bin ich ganz sicher, daß seine Frau schließlich den endgültigen Platz ausgesucht hat. Und da ich sie beide kenne, bin ich sicher, daß sie auch jetzt noch abends in ihrem Wohnzimmer sitzen, lesen, plaudern und sich ansehen, ohne ihre Blicke durch eine Vase behindern zu lassen. Und da ich auch die Frau kenne, bin ich ganz sicher, daß sie manchmal lächelt und dem Himmel für einen Mann dankt, der so vieles ordnen kann und es mit der zarten Hand eines klugen Ehemannes tut.
In der Ehe erreichst Du meist morgen, was Du Dir wünschst, wenn Du heute ein wenig nachgibst.

Denke viel nach!

Dein Vater

# Kleine Aufmerksamkeiten

LIEBER STEFAN,

alle hielten Joe für einen unmöglichen Ehemann. Nicht etwa, daß er trank, spielte oder sich mit anderen Frauen herumtrieb. Aber daß seine Frau Ann stets den Lebensunterhalt für die Familie zu bestreiten hatte, ließ das Gerede der Nachbarn nie verstummen. Jahr für Jahr saß sie an ihrem Schreibtisch in einem Büro, während Joe nur immer irgendwo herumhing.

Immer bewegten ihn die kühnsten Pläne. Wenn man ihm begegnete, überfiel er einen jedesmal mit einem begeisterten Bericht über eine neue Sache, an der er gerade arbeitete. In den Jahren, in denen ich ihn kannte, verkaufte er (jeweils nur für kurze Zeit) Feuerlöscher, Vitamintabletten, Staubsauger, Alarmanlagen, Tiefkühltruhen, Bestattungsversicherungen, Wertpapiere und Diäthilfen. Diesen Handel betrieb er dann nach seinen Worten als „offizieller Bevollmächtigter" eines Kinderlagers in den Rocky Mountains, als Geschäftsführer eines Kleinstadtcolleges, eines Mach-es-selbst-Lehrgangs für Autoreparaturen, eines Nachrichtenmagazins im Mittleren Westen und einer Kette von Instituten für Gesundheitspflege.

So sagte man in der ganzen Stadt: „Haben Sie schon einmal einen solchen Menschen gesehen?" Oder: „Ich finde, sie müßte längst genug von ihm haben!" Oder: „Warum läßt sie sich nur eine solche Behandlung gefallen?"

Und dann mußte sie sich einer dringenden Operation unterziehen, und während ihrer Genesungszeit lernte ich etwas Neues über die Frauen, daß nämlich die kleinen Dinge die größten Dividenden abwerfen.

Als Mann denke ich selbstverständlich an kostspielige Dinge: eine Nerzstola, ein neues Auto oder wenigstens drei Dutzend roter Rosen. Aber das ist falsch. Frauen mögen die kleinen Gaben der Verehrung, die gar nicht kostspieligen Geschenke, irgendwelche unscheinbaren Gesten, die ihnen zeigen, daß sie genau das haben, was einen Mann verliebt erhält. Bei Frauen kommt es nicht darauf an, was es kostet, sondern was es bedeutet.

Das lernte ich, als Ann mich täglich mit einem strahlenden Bericht darüber begrüßte, was Joe ihr am Abend zuvor mitgebracht hatte. Die Geschenkliste sah ungefähr so aus:

Montag: Ein Puzzlespiel aus dem Warenhaus.

Dienstag: Die neueste Ausgabe ihrer Lieblingszeitschrift.

Mittwoch: Drei große gelbe Äpfel.

Donnerstag: Ein Pralinenbeutel für eine Mark.

Freitag: Ein Strauß wilder Blumen (er war aus der Stadt gefahren, um sie zu pflücken).

Samstag: Ein Fläschchen Parfüm.

Und in der folgenden Woche brachte er andere kleine Geschenke.

„Der gute alte Joe", sagte sie dann. „Ich freue mich ja so, wie sehr er mich verwöhnt! So war er schon immer! Er ist so aufmerksam und so freundlich! In derlei Dingen ist er ein wahres Genie!"

Was können wir daraus lernen? Daß Frauen mancherlei auf sich nehmen — das Gerede der Nachbarn, Kritik in der Familie, viele Arbeit —, daß sie mit dem allen fertig werden und ihre Männer erbittert verteidigen und sich noch glücklich schätzen, wenn sie ihn nur als einen Experten in der Kunst der Verehrung betrachten.

Es gibt verschiedene Möglichkeiten, diese Kunst besonderer Aufmerksamkeit zu entwickeln. In diesem Brief will ich Dir einiges darüber sagen, was ich als hilfreich empfunden habe. Vielleicht kann es Dir helfen, Dich in dieser Kunst zu schulen.

Zunächst einmal, laß die besonderen Tage zu etwas ganz Besonderem werden. Eines der glücklichsten Paare, die ich kenne, feiert jeden neunundzwanzigsten des Monats. Das ist der Tag, an dem sie getraut wurden, und sie haben daraus „ihren" Tag gemacht, indem sie stets am neunundzwanzigsten zum Essen ausgehen, oder indem er ihr ein Geschenk mitbringt, oder sie ihm, oder auch beide sich gegenseitig beschenken. Manchmal haben sie auch zu Hause eine kleine Feier. Wenn Dir das übertrieben vorkommt, solltest Du einmal hören, wie diese beiden Menschen darüber denken. Er behauptet, die kleine monatliche Ausgabe sei hervorragend angelegt, und die kleine Aufmerksamkeit, die zwölfmal jährlich zu dieser Übung gehört, ist der Mühe wert.

Jahrestage der Verlobung, der ersten Verabredung, sonstige Gedenktage — daran zu denken und sie ein wenig aus der Reihe der übrigen Tage herauszuheben, wird mit einer

Flut von Dankbarkeit aus dem Herzen der Frau reichlich belohnt. Sehr viele Menschen denken niemals an so etwas, obwohl sie doch in den Augen ihrer Frauen sehr gewinnen könnten, wenn sie es täten.

Man sollte auch daran denken, daß Frauen Einfallsreichtum zu schätzen wissen. Die kleinen Geheimnisse zwischen Euch, die Spiele, die Ihr gemeinsam spielt, die kleinen, unerwarteten Überraschungen bedeuten den Frauen sehr viel. Sie sehen daraus, daß sie im Terminkalender des Mannes auf einem auffälligen Platz stehen. Denke daran, ihr eine Freude zu machen, und Deine Frau wird glücklich sein, weil Du etwas dafür geplant hast.

Ich will Dir ein Beispiel für den Einfallsreichtum eines Mannes geben und zeigen, welchen Vorteil er daraus für seine Ehe zieht. Ich habe die Geschichte eines Tages auf dem Golfplatz gehört. Wir sprachen über „Golfwitwen", und die Männer berichteten belustigt über die Klagen ihrer Frauen. Der Mann, von dem ich Dir erzähle, hörte sich das alles ruhig an und sagte dann: „Meine Frau habt ihr doch noch nie klagen gehört, nicht wahr? Das liegt daran, daß wir eine Vereinbarung getroffen haben. Wenn ich am Samstag spiele, gehen wir abends zum Essen aus. Auf diese Weise hat sie etwas, worauf sie sich freuen kann. Jetzt ist es ihr sogar nicht ganz recht, wenn ich einmal nicht zum Golfspiel gehe."

Einverstanden, das ist vielleicht eine Freundlichkeit mit einem kleinen Haken. Der Mann erreicht für sich selbst etwas, indem er seiner Frau etwas gibt. Tatsache aber ist, daß seine Frau dagegen nichts einzuwenden hat. Es gefällt ihr so. Das zeigt uns, daß ein wenig Erfindungsgabe manche Möglichkeiten bietet, das Leben für beide Teile angenehmer zu gestalten.

Hier ist gleich noch ein kleines Geheimnis, das Du Dir gut merken solltest — Frauen mögen ein wenig praktische Verehrung sehr gern.

Fragen über Fragen: Leiste ich zu Hause meinen Teil der Arbeit? Stürze ich auf meine Zeitung oder vor das Fernsehgerät, wenn ich ein paar Minuten erübrigen könnte, um ihr zu helfen? Wann habe ich sie zum letztenmal dadurch überrascht, daß ich ihr etwas von ihrer Arbeit abnahm, ohne es ihr vorher zu sagen?

Eine Frau erzählte mir eines Abends in meiner Sprechstunde von ihrem verstorbenen Mann. Er hatte ein recht beträchtliches Vermögen in Häusern angelegt. Sie hatten ein Sommerhaus, ein Winterhaus und reisten sehr viel und weit. Das alles hatte ihr viel Stoff zum Nachdenken gegeben. Als sie mir aber ihre angenehmste Erinnerung sagen sollte, kam sie auf eine Kleinigkeit aus ihrer ersten Ehezeit. „Als die Kinder noch klein waren", sagte sie, „ließ er mich jeden Dienstagabend einkaufen gehen, während er sich um die Kinder kümmerte." Und dann schloß sie: „Ich glaube, nur eine junge Mutter kann verstehen, was mir das bedeutete."

Worte sind wichtig, aber ebenso wichtig sind die kleinen Gesten der Zuneigung. Manchmal aber sind die praktischen Handreichungen des Alltags am besten geeignet, seiner Frau zu sagen, daß man an sie denkt.

Wir haben schon gesagt, daß Du stets etwas Zeit damit zubringen solltest, Dich in die Gedankenwelt Deiner Frau einzufühlen. Dann wirst Du entdecken, warum alle diese Kleinigkeiten ihr so viel bedeuten. Eine seltsame Eigenart der weiblichen Logik kann ich nur schwer erklären. Vielleicht kann ich es so ausdrücken: Sie wünscht, daß Du Dich bei ihr sicher fühlst und daß sie sich bei Dir sicher fühlt —

aber zugleich hofft sie, daß Du ihr noch immer den Hof machst, als wolltest Du sie erst noch gewinnen.

Die männliche Denkweise ist anders. Wir sagen eher: So, das wäre geschafft! Was nun? Die Frau denkt nicht so. Bei ihr ist es wie mit der Geschichte über Bach, die in unserer Familie passierte. Erinnerst Du Dich?

Jener junge Pianist hatte sein erstes Jahr auf dem Konservatorium hinter sich. Als der Professor ihn fragte, was er denn im letzten Semester gleistet habe, antwortete er: „Gott sei Dank haben wir Bach fertig gekriegt", und erhielt die Antwort: „Junger Freund, niemand wird jemals mit Bach fertig. Sie können Bach zur Seite legen, aber fertig werden Sie mit ihm nicht."

So ist es bei den Frauen mit der Liebe. Der Mann kann meinen, daß alles getan ist, wenn er vor Standesamt und Altar sein Ja gesagt hat. Die Frau aber ist in diesen Dingen viel weiser. Sie empfindet, daß wahre Liebe keine Grenzen kennt. Für diejenigen, die immer neue Wege in das Herz des anderen offenhalten, eröffnen sich stets neue Möglichkeiten, und auch die größte Liebe führt zu immer neuer Größe.

Vielleicht habe ich deshalb noch nie eine Frau gehört, die sich darüber beklagt hätte, ihr Mann sei zu aufmerksam. Ich frage mich, ob es jemals eine Frau gegeben hat, die der Meinung war, zuviel Zuneigung zu empfangen. Ich glaube es nicht. So sind die Frauen nun einmal nicht geschaffen. Alle guten Frauen, die ich kenne, haben eine unendliche Aufnahmefähigkeit für Zuneigung, Zartheit und kleine Aufmerksamkeiten.

Hör niemals auf, Deiner Frau den Hof zu machen!

Dein Vater

*Ich kann es kaum erwarten, Dich zu sehen*

Lieber Stefan,

ehe wir weitergehen, sollte ich Dir vielleicht sagen, daß ich
Deine aufrichtige Haltung sehr hoch schätze.

Einige der Tatsachen, die ich Dir über weibliche Reaktionen
erzählen möchte, könnten nämlich ohne ein solides Ehrge-
fühl gefährlich sein. Die Tatsache aber, daß manche die
Geheimnisse der Liebe auf unedle Art nützen, sollte Männer von Charakter nicht davon abhalten, das Leben so
interessant wie möglich zu gestalten. Und in der Beziehung
zwischen Mann und Frau sollte es immer interessant zu-
gehen.

Also schreibe ich Dir eine weitere Wahrheit auf, die Du
wissen solltest. Nichts kann eine Frau so sehr anregen wie
das Wissen, daß Du sie anregend findest. Irgend etwas in
der damenhaftesten Dame reagiert mit Erregung, wenn sie
spürt, daß Du sie erregend findest. Die erfolgreichen Ehemänner scheinen dauernd auszudrücken: „Was hab ich

doch für ein Glück, mit einer so aufregenden Frau wie mit dir verheiratet zu sein!"

Dabei will ich Dir nur gleich sagen — sei aufrichtig! Sage einer Frau niemals etwas, was sie als oberflächliche Schmeichelei empfinden könnte! Wenn es nicht gerade einer der Tage ist, an denen Ihr einander necken wollt und es beide wißt, dann bleib im Rahmen des Annehmbaren. Du kannst aber ganz sicher sein, daß dieser Rahmen sehr weit ist. Sagst Du ihr nur das, was sie glauben kann, so bleibt Dir immer noch genug Spielraum, um das Leben interessant zu gestalten.

Etwas, das sie sicher als wahrhaftig annehmen wird, ist Deine Versicherung, daß sie Dir fehlt, wenn Ihr nicht beieinander seid, und daß Du Dich freust, wieder bei ihr zu sein. Die Vorfreude spielt gerade in den lebendigen Ehen eine sehr wichtige Rolle. Das wird ihr gewiß einleuchten, denn es entspricht ja Deinem Verhalten in der Brautzeit.

Verliere niemals diese Haltung des Ich-kann-es-kaum-erwarten-dich-zu-sehen, die vor Eurer Hochzeit ein wichtiger Teil Eures Lebens war. Erinnerst Du Dich noch, wie es war, wenn du vom College nach Hause kamst? Du fuhrst an unserem Haus vorbei, um als erstes Marilyn zu sehen. Diese zusätzlichen vierzig Kilometer bedeuteten ihr sehr viel. Sie sagten ihr mehr als tausend Worte. Deine Erregung hielt sie erregt.

Allzu viele Paare lassen das einschlafen. Das ist ein Unglück, denn damit haben sie eines der sichersten Mittel aufgegeben, ihrem Liebesleben die Würze zu erhalten.

Mit ein wenig Übung kannst Du die Erregung stets erhalten, und das wird Euch beiden sehr viel bedeuten. Überall gibt es Dutzende von Einrichtungen, die sich dem einfallsreichen Ehemann als Helfer anbieten.

Dazu gehört zum Beispiel das Telefon. Herr Bell hat uns Männern einen großen Dienst erwiesen, als er es erfand. Benutze es oft! Rufe sie an und sag ihr, daß Du Dich darauf freust, bald nach Hause zu kommen. Oder wenn Deine Arbeit es erlaubt, bitte sie, Dich irgendwo zu treffen. Solche Worte haben in weiblichen Ohren einen ganz besonderen Klang: „Ich habe hier gerade eine Lücke in meinem Kalender, und die würde ich zu gern mit dir ausfüllen! Komm doch in die Stadt, und wir gehen gemeinsam essen." Ich kenne wenigstens eine Frau, die bei solchen Gelegenheiten ein Paar Würstchen mit der gleichen Begeisterung genießt wie ein Essen in einem der Restaurants, wo die Mahlzeit für zwei Personen soviel kostet wie die monatliche Rate für den Wagen.

Ich finde es auch nützlich, hin und wieder darauf zu achten, welchen Eindruck ich mache, wenn ich nach Hause komme. Vielleicht tue ich es deshalb ganz besonders, weil ich oft am Nachmittag noch Gemeindemitglieder besuche und sehe, wenn die Väter von der Arbeit heimkommmen.

Es gibt viel mehr Arten, den Wiedereinzug in sein Heim zu begehen, als Du Dir wahrscheinlich vorstellen kannst. Wenn die Kinder schnell im Schlafzimmer verschwinden und die Frau sich verkrampft, kannst Du Dir leicht denken, worauf das schließen läßt. Laufen die Kleinen aber zur Tür und die Frau beginnt zu strahlen, dann sagt auch diese kleine Begebenheit sehr viel aus. Es zeigt nämlich, daß hier ein Mann heimkommt, der ein guter Gefährte ist. Er wird erwartet. Zu Hause erwartet zu werden, sollte für alle Männer ein erstrebenswertes Ziel sein.

Wir haben schon gesagt, daß meist nur wenig dazu gehört, unsere Ziele zu erreichen. Manchmal sind die Kleinigkeiten bedeutsamer. Deshalb würde ich mich an Deiner Stelle im-

mer wieder prüfen. Gibst Du ihr das Gefühl, erwartungsvoll an sie gedacht zu haben? Das kannst Du durch das
Telefon erreichen, durch ein Brieftelegramm oder auch
durch den winzigen Funkspruch eines ausgetauschten
Blicks.

Und hier noch ein wichtiger Tip für Euer Liebesleben. Laß
Dich hin und wieder von ihr dabei ertappen, daß Du sie erwartungsvoll ansiehst. Oder laß Dein Gesicht heller werden, wenn Du merkst, daß sie Dich ansieht — das kann genauso wirkungsvoll sein, als wenn Du den Eindruck er-
weckst, Du wärst gerade heimlich über das Dach eingestiegen, nur um sie zu sehen.

Es geht das Gerücht, die Franzosen seien hervorragende
Liebhaber. Ein kleiner Vers aus Frankreich lautet: „Je
t'aime plus qu'hier moins que demain." In unserer Sprache
heißt das:

> „Ich lieb dich mehr als gestern
> und weniger als morgen."

In jedem Volk und in jeder Sprache behagt der Inhalt dieses Verses allen Frauen aufnehmend wohl. Du kannst es
Dir von einem Manne sagen lassen, der es selbst erfahren
hat — Du tust etwas sehr Wichtiges für Euer gemeinsames
Leben, wenn Du Deine Liebe immer froh und erwartungsvoll erhältst.

Freue Dich auf sie!

Dein Vater

## „Spät" ist ein häßliches Wort

Lieber Stefan,

manche Leute kommen immer zu spät. Nun ist das Zuspät-
kommen zwar für Männer keine schlimmere Sünde als für
Frauen, aber manche Frauen sind nun einmal dieser Meinung.

Oft höre ich in meinen Gesprächen Klagen wie: „Er läßt
mich immer warten!" „Niemals sind wir irgendwo pünktlich!" „Er meint, er könnte zum Essen kommen, wann es
ihm gerade paßt!" „Warum kann er mir denn nicht Bescheid geben, wenn er im Büro aufgehalten wird?"

Ganz Ähnliches habe ich auch von Männern gehört. Aber
wir wollen bei der Sache bleiben und sehen, inwiefern solche Worte für den Ehemann wichtig sind.

Warum wird eine Frau ärgerlich, wenn ihr Mann unpünkt-
lich ist?

Wie für beinahe alles in der Ehe, gibt es auch dafür mancherlei Gründe.

1. Wir haben schon früher gesagt, daß die Frau Aufmerksamkeit erwartet

2. Da sie eine Frau ist, kann sie nichts dafür, daß sie sich Gedanken darüber macht, was ihren Mann wohl wirklich so lange aufhält.

3. Vor der Hochzeit warst du doch pünktlich! Was ist jetzt mit dir los?

4. Bummelnde Männer verdienen nicht gut.

5. Dazu kommen viele andere Gedanken von leichter Beunruhigung bis zu echter Panik.

Wir könnten noch lange über dieses Thema reden, aber mein Telefon läutet unaufhörlich. Vielleicht ist es eines der guten Gemeindeglieder, das sich jetzt schon fragt, warum sein Pfarrer so lange braucht, um ans Telefon zu gehen. Also lassen wir es bei diesen wenigen Worten bewenden.

Ich wollte Dir nur sagen, wenn Du über die Art Deines Nach-Hause-Kommens nachdenkst, solltest Du vielleicht auch diesen kleinen Gedanken einschließen: Die meisten Frauen wissen es zu schätzen, wenn ihr Mann pünktlich ist, und sie wissen, daß ein Anruf im Falle einer Verhinderung meistens nicht allzuviel kostet. Und zwanzig Pfennig sind wahrlich kein hoher Preis für den Seelenfrieden einer Frau.

Vergiß nie, daß eine zufriedene Frau, die weiß, daß ihr Mann an sie gedacht hat, jeden Groschen wert ist, den es gekostet hat, ein wenig aufmerksam zu sein.

In Eile!
Dein Vater

## Wie man eine Frau in der Öffentlichkeit behandelt

erinnerst Du Dich an das schöne Kompliment, das man jemandem vor vielen Jahren machte?

Sie war reine Freude, und unglücklich machte sie nur,
    wenn sie nicht da war!

Ich bin sicher, daß Du nach einundzwanzigjähriger Beobachtung mit mir der Ansicht sein wirst, daß hier sehr genau gesagt wurde, wie Deine Mutter auf die Menschen wirkt. Freilich, ich bin ihr Mann, Du bist ihr Sohn. Deshalb könnte man uns für befangen halten. Aber selbst von ihren flüchtigen Bekannten weiß jeder, daß dieses Wort auf sie zutrifft.

Kannst Du Dir vorstellen, daß sie nicht immer so gewesen ist? Sie würde es Dir gewiß bestätigen, daß sie in der ersten Zeit unserer Ehe schrecklich schüchtern war. Tatsächlich gab es genug Gelegenheiten, bei denen sie mir leid tat. So unsicher war sie.

Der Mann, der die erstaunliche Wandlung vollbrachte, hieß Richter Evans. Er war ein freundlicher, grauhaariger Herr, der in unserer Nähe wohnte und mich aus irgendeinem Grunde gern mochte. Der Richter erkannte eine Notlage immer, wenn er sie sah, und einige Wochen vor unserer Hochzeit bat er mich zu sich. Selbstverständlich erinnere ich mich nicht mehr an alles, was er sagte. Aber eines wiederholte er immer wieder. Er sagte, eine Ehe sei immer nur so gut, wie derjenige Teil, der sich in der Öffentlichkeit abspielt.

„Der durchschnittliche Mann", so behauptete er, „scheint alles, was er über liebevolles Verhalten weiß, in dem Augenblick zu vergessen, in dem er vor seine Haustür tritt. Das ist ziemlich dumm. Warum? Weil er damit eine der besten Möglichkeiten verspielt, die Gott ihm gegeben hat, um seine Frau völlig, grenzenlos und ich möchte sagen rettungslos in ihn verliebt zu machen."

Du wirst schon gemerkt haben, daß der Richter ein geschickter Redner war. Bevor er zum Richter gewählt wurde, hatte er als Anwalt ganze Geschworenenjurys und Zuhörerscharen mit seinen Worten gebannt, und er tat es auch jetzt. Ich hing an seinen Lippen!

„Wenn Sie heiraten wollen", sagte er, „dann sollten Sie es auch richtig tun. Das bedeutet, daß Sie stets genau wissen müssen, was zu tun ist, wenn Sie sich mit Ihrer Frau in der Öffentlichkeit zeigen." Dann griff er nach seinem Wasserglas und trank einen langen Schluck, als wollte er seinen Worten ein wenig Zeit lassen, sich mir einzuprägen. Dann lehnte er sich über den Schreibtisch und erklärte: „Sie können einer von den ganz Großen werden, wenn Sie sich eine Liste der Dinge anlegen, die ich Ihnen sage, und wenn Sie diese Liste aufgrund Ihrer eigenen Erfahrungen laufend ergänzen. Das verlangt ein wenig Zeit und Arbeit. Aber Sie sollten es trotzdem tun. Sie werden es bestimmt nie bereuen, wenn Sie Ihrer Frau das Gefühl geben, daß sie zu Hause gut und in der Öffentlichkeit noch besser ist."

Ich nahm ihn beim Wort, und hier ist die Liste. Einige der Punkte stammen von Richter Evans, so wie ich mich noch an sie erinnere. Andere stammen von mir selbst, und Du wirst die Liste sicher noch vervollkommnen können. Auf jeden Fall solltest Du Dir fest vornehmen, das zu tun, was der Richter sagte:

„Behalte stets einen klaren Kopf, wenn du dich mit deiner Frau in der Öffentlichkeit zeigst."

Hier ist die Liste:

1. Wenn du den Raum betrittst, nimm ihren Arm und lächle! Wenn du glücklich aussiehst, wird sie es auch sein, und die Welt braucht wahrlich Ermutigung.

2. Wirke stolz! Sieh aus, als wolltest du sagen: „Womit habe ich nur soviel Glück verdient?" Wenn du die Brust herausstreckst, wird sie es auch tun. Die meisten Frauen sehen dann besser aus.

3. Sage etwas Nettes, wenn du sie vorstellst. Ich meine über sie. Das ist eine gute Übung und gibt ihr Sicherheit. Wenn du dafür sorgst, daß sie sich wohlfühlt, wirst du dich auch wohlfühlen.

4. Rück ihr den Stuhl zurecht, wenn ihr euch zum Essen setzt. Dann berühre ihre Schulter und lächele. Lächele weiter, bis sie aufblickt. Sie wird es dir bald nachmachen, und es wird eine Art Ritual daraus.

5. Wenn das Gespräch sich dahinschleppt, stell ihr eine Frage. Sei aber sicher, daß du eine Frage wählst, die sie auch beantworten kann. Bring sie also auf eines

ihrer Lieblingsthemen und warte immer die Antwort ab. Vergiß nie, daß kluge Leute stets dafür sorgen, daß auch andere sich klug fühlen.

6. Niemals, wirklich niemals darfst du über kleine dunkle Pünktchen in ihrer Geschichte streiten. Wen kümmert es schon, ob die Rosen wirklich rosa oder ob sie blaßrot waren? Wenn sie sich irren sollte, mag irgend jemand anders sie korrigieren, aber niemals du!

7. Wenn ihr nach dem Essen getrennt werdet, suche sie ab und zu auf. Kümmere dich darum, ob sie angenehme Gesprächspartner hat. Sag ihr, daß du sie vermißt und frag sie, ob sie sich wohlfühlt.

8. Wenn ihr aufbrechen wollt, halte ihr den Mantel, nimm ihren Arm, öffne ihr die Wagentür. Das tun nicht viele Männer, und das weiß sie genau. Das hebt sie über andere Frauen hinaus.

9. Nimm auf dem Heimweg ihre Hand und sag ihr, wie froh du bist, daß sie dabei war.

10. Wenn du einmal mit ihrer Mutter allein bist, dann sag deiner Schwiegermutter, wie hoch du ihre Tochter schätzt. Keine Mutter kann so etwas für sich behalten, und nichts erfreut deine Frau mehr als ein Kompliment, das auf Umwegen zu ihr gelangt.

Das sind also die versprochenen Ratschläge. Ich hoffe, sie können Dir helfen. Ich habe sie schon an viele Männer weitergegeben, und wo sie beachtet wurden, wirkten sie wahre Wunder.

Du brauchst ein bezauberndes Wesen an Deiner Seite? Selbstverständlich! Welcher Mann brauchte das nicht? Und Du kannst es haben! Wenn Du es richtig anstellst, dann wirst Du in zehn oder in dreißig Jahren eine Frau haben, die wahrhaftig „zu Hause gut und in der Öffentlichkeit noch besser" ist.

Sag es allen Leuten!
Dein Vater

## Wie man eine Frau nicht behandelt

Lieber Stefan,

wenn ich Deine Bitte gründlich erfüllen will, wird es von
Zeit zu Zeit nötig sein, ein Problem indirekt anzugehen.
Unter der Überschrift „Wie man eine Frau nicht behandelt", kann ich Dir mit Beispielen aus zwei Quellen dienen,
nämlich aus der meiner eigenen beschämenden Erlebnisse
und der meiner Sammlung seltsamer Fälle.
Hin und wieder werde ich in meinen Briefen auf beide
Quellen zurückgreifen. Hier will ich Dir zunächst einmal
einen Fall schildern, der verdeutlicht, warum sich Frauen
manchmal die Pulsadern aufschneiden oder eine Überdosis
Schlaftabletten nehmen. Manchmal tun sie keines von beiden, sondern sie hinterlassen nur einen Zettel: „Lieber
Herbert, ich konnte dieses Leben nicht länger ertragen. Leb
wohl!" Zum Glück ist das in diesem Fall nicht geschehen,
aber manche Frauen sind eben sehr streng.
Sie war es. Sie kam in mein Arbeitszimmer und sah aus,

als habe sie gerade beschlossen, mit dem Leben abzurechnen. Warum sie so aussah? Weil sie es in der Tat gerade beschlossen hatte.

Fünf Tage zuvor hatte sie einen Autounfall erlitten. Manche Frauen geraten bei solchen Gelegenheiten völlig aus den Fugen. Andere hingegen werden nur von einem plötzlichen klaren Urteilsvermögen befallen. Da diese Frau zu den letzteren gehörte und zudem ein pflichtgetreues Eheweib war, rief sie sobald wie möglich ihren Mann an.

Was sollte ein Mann zuerst tun, wenn so etwas geschieht? Natürlich, sich nach ihrem Befinden erkundigen. Aber dieser Mann tat es nicht. Statt dessen fragte er: „Wie groß ist der Schaden?" Es war immerhin ein funkelnagelneues Auto.

Frage Nummer zwei lautete: „Wer war schuld?"

Du weißt ja, daß wir alle bisweilen nicht sehr selbstsicher wirken, vor allem dann nicht, wenn unsere Nerven ein bißchen durcheinander geraten sind. Da nun die Antworten seiner Frau ihn nicht recht befriedigten, gab er ihr sehr klare Anweisungen (offenbar war er einer von den Männern, die sofort an alles denken, nur nicht an das Richtige), die in die Worte gipfelten: „Du darfst unter keinen Umständen etwas zugeben! Ich rufe jetzt den Anwalt an, du die Versicherung, hast du verstanden?

Sie hatte verstanden.

Und dann, als wollte er beweisen, daß selbst ein Tolpatsch hin und wieder etwas Vernünftiges tun kann, sagte er: „Einen Augenblick, ich gebe dir noch die Rufnummer der Versicherung durch!"

„Vielen Dank!" sagte sie. „Hast du sonst noch Fragen?"

„Nein", antwortete er, „ich glaube, das ist soweit alles."

„So, wirklich?" schrie sie. „Falls es dich interessiert: Ich liege mit fünf gebrochenen Rippen im Krankenhaus!"

Wie kann ein Mann in einer solchen Lage nur halbwegs glaubwürdig sagen: „Es tut mir leid?"

Ich meine, überhaupt nicht!

Selbstverständlich kann man zu seinen Gunsten anführen, daß er wußte, daß der Unfall nicht tödlich gewesen war. Tote Frauen telefonieren nicht.

Das alles liegt jetzt einige Monate zurück, und ich kann zum Glück melden, daß ihre Ehe sich allmählich wieder festigt. Er hat ihr tausendmal gesagt, sein Verhalten tue ihm leid, und er meint es auch so. Aber, um ein Wort aus der Spache des Psychologen zu verwenden: „Die Prognose ist ein wenig gewagt", was auf gut deutsch heißt: „An deiner Stelle würde ich nicht darauf wetten."

Welche Lehre wollen wir daraus ziehen?

Nun, immer und ausnahmslos, jeden Tag, die ganze Woche, das ganze Jahr reagiert die Frau am besten, wenn sie weiß, daß sie Nummer eins auf dem Kalender ihres Mannes ist!

Das kann man seiner Frau nicht oft genug sagen. „Mündliche Versicherung" nenne ich das, und es gibt nicht viele Frauen, die davon jemals genug bekommen können.

„Oh, aber das ist ja gerade meine starke Seite!" Wie oft habe ich das nun schon gehört! Aber in Wirklichkeit ist sich die Frau zu Hause dessen gar nicht mehr sicher. Das darfst Du nicht zulassen! So oder anders mußt Du ihr begreiflich machen, daß sie zuerst und zuletzt und allezeit Nummer eins ist!

So, es klingt immer noch nicht richtig? Nun gut, so etwas braucht absolut nicht den Weg über die Lippen zu nehmen. Frauen verstehen auch die Zeichensprache. Manchmal sind ein Blick, eine Geste, eine Handlung besser als tausend Worte.

Ich kenne einen Mann, der seine tägliche Botschaft so ausdrückte: Wenn er nach Hause kam, nahm er den Hut erst dann ab, wenn er seine Frau geküßt hatte. Selbst wenn sie gerade telefonierte oder an der Wäscheleine stand oder im Kinderzimmer saß, suchte er sie und brachte seine Botschaft an.

Was er tat, wenn sie Besuch hatte? Das kann Dir die Frau selbst erzählen: „Zu den großen Aufregungen unseres ersten Ehejahres zählte der Besuch seiner Mutter. Es war ihr erster Besuch. Als Peter an jenem Abend heimkam, ging er an seiner Mutter vorbei und küßte mich. Und dann drehte er sich um und küßte sie. Und schließlich nahm er seinen Hut ab."

Ohne ein Wort zu sagen, hatte er beiden Frauen erklärt, wie die Dinge standen.

Ich kann mir vorstellen, daß Du allmählich die Augenbrauen zusammenziehst und Dich fragst: „Wie paßt dieses ständige ‚Sie steht an erster Stelle' eigentlich zum ersten Thema von dem Mann, der die Führung übernehmen soll?"

Tatsächlich besteht hier nicht der geringste Widerspruch. Tatsächlich paßt beides so gut zusammen, daß Du in einer guten Ehe immer mit dem einen Partner auch gleich den anderen vor Augen hast. Du kannst nämlich nur dann der Führer ihres Haushalts sein, wenn sie in Deinem Herzen führt.

Selbstverständlich nimmt sie es Dir nicht übel, wenn Du auch an ein paar andere Dinge denkst. Das wünscht sie sogar. Sie möchte gar nicht, daß Du Dich mit all Deinen Drähten und Schaltern beschäftigst, ohne nicht auch mit den Gedanken dabei zu sein. Es kommt nur darauf an, daß Du sie irgendwie überzeugst, daß alle diese Dinge weit hinter ihr auf dem zweiten Platz liegen.

Versäumst Du das, dann bist Du so ungeschickt wie der Mann, der sich nicht nach dem Befinden seiner Frau erkundigte. Du solltest aber wie der Mann sein, der den Hut aufbehielt, und Deiner Frau stets zeigen, daß alles andere auf der Welt, einschließlich Deiner Mutter, erst nach ihr kommt.

Immer das Wichtigste zuerst!

Dein Vater

*Behandle sie als Mensch*

Lieber Stefan,

die heutige Geschichte handelt von einem jungen Angestellten, der sehr schnell Karriere machte. Seine Frau kam
vor drei Jahren zum erstenmal in meine Sprechstunde. Sie
habe das ungute Gefühl, sagte sie, daß ihr Mann sich um
so mehr von ihr entferne, je weiter er vorwärtskomme, und
deshalb habe sie mich aufgesucht.
Das alles war besonders schade, weil die beiden eine vor-
bildliche Ehe geführt hatten. Er war ihr zutiefst ergeben gewesen. Sie hatten viel Freude aneinander, einen großen Be-
kanntenkreis und besaßen ein hübsches Haus. Das Leben
war in jeder Hinsicht gut.
Dann wurde er schnell befördert. Sein Gehalt stieg, stieg
und stieg. Er war so weit, daß nichts ihn mehr bremsen
konnte. Selbst seine Frau konnte es nicht mehr, als sie
merkte, daß er sich von Dingen entfernte, die sie einst
beide für wichtig gehalten hatten.

Endlich spielte sich ihr ganzes Leben nur noch um seinen geschäftlichen Erfolg ab. Und eines Abends geschah etwas, was sie veranlaßte, bei mir Hilfe zu suchen.

Er kaufte ihr ein Brillantkollier. Es war sehr teuer, und jede Frau wäre über das kostbare Geschenk hell begeistert gewesen. Auch sie war es — ungefähr dreißig Sekunden lang. Aber als er ihr das Kollier umlegte, sagte er etwa: „Liebes, der Mann, mit dem du lebst, ist eben zum Vizepräsidenten ernannt worden. Und damit du immer an diesen Tag denkst, habe ich dir diesen Schmuck gekauft. Und falls du wissen willst, wie wertvoll er ist, verrate ich dir, daß dieses kleine Schmuckstück mich genau die Hälfte meines ersten Jahresgehalts kostet."

Das war alles. Kein Wort darüber, wie sehr er sie liebte, wie sehr er auf ihre Hilfe angewiesen war. Nichts als diese Ode an den eigenen Erfolg.

Ehe wir hier weitergehen, muß ich eine Zwischenbemerkung einfügen. Wenn Du Deiner Frau ein Geschenk kaufst, dann laß sie sagen, wie schön Dein Geschenk sei; Du aber sag ihr, wie schön sie ist! Die nächste bezeichnende Bemerkung machte er am Abend auf der Fahrt zum Empfang seiner Gesellschaft: „Du weißt ja, wie das ist, Liebes. Der neue Vizepräsident muß Klasse haben! Sie erwarten das. Also werden wir ihnen Klasse vorführen, nicht wahr? Jawohl, wirkliche Klasse! Ich kann es kaum erwarten, zu sehen, wie sie es aufnehmen!"

So tanzten sie also Walzer und Rumba und Fandango. Es wurde ein großer Abend, für ihn. Er erntete viele Glückwünsche zu seiner neuen Stellung und einige zu dem Kollier seiner Frau.

Auf der Heimfahrt krönte er seine Leistungen mit diesem Monolog: „Weißt du, was ich eben gedacht habe, Liebes?

Ich habe darüber nachgedacht, welchen Eindruck es gemacht hat. Hast du gemerkt, wie es unter den Kronleuchtern gefunkelt hat? Sogar der Präsident hat es immer wieder angesehen. Ich glaube, das ist ein Symbol! Jawohl, ein Symbol! Wir sind auf dem Weg, und niemand kann uns mehr aufhalten. Genau so ist es! Wir sind auf dem Weg ..."

Das war vor drei Jahren. Heute berührt sie das alles nicht mehr. Sie will nur heraus! Er aber möchte die Ehe erhalten, und selbst das klingt prahlerisch.

Als wir kürzlich über diese Farce von einer Ehe miteinander sprachen, murmelte er: „Aber was wird man in der Firma dazu sagen?"

Es tat mir leid, daß sie es hörte, aber wahrscheinlich spielte es keine Rolle mehr. Sie hatte sich ja schon seit langem als eine Schachfigur gefühlt, die nach Belieben verschoben und eines Tages eben auch geopfert werden kann.

Der Erfolg ist eine gefährliche Gottheit. Einmal läuft dieses goldene Kalb jedem ehrgeizigen Mann über den Weg, und wenn Du ihm begegnen solltest, dann denke daran, was ich Dir über diese Ehe erzählt habe.

Wie Du Dich gegen diese schleichende Gefahr schützen kannst? Eine Möglichkeit liegt darin, daß Du ihr immer wieder sagst — und es auch wirklich meinst: „Ich liebe dich, weil du so bist, wie du bist!" Das ist einer der schönsten Sätze für eine Frau, weil sie eben gern bestätigt wissen möchte, daß sie ein Mensch ist, nicht ein Ding.

Dinge benutzt man, Menschen liebt man. Achte darauf, daß es bei Dir niemals umgekehrt werden kann!

Prüfe Dich immer wieder!

Dein Vater

*Ein halbes Dutzend Niemals*

LIEBER STEFAN,

„Sage niemals wieder niemals" lautete der Text eines Schlagers, der so alt ist, daß Du Dich nicht mehr an ihn erinnern kannst. Aber ehe wir jetzt den Themenkreis „Was man nicht tun soll" verlassen, möchte ich Dir noch ein halbes Dutzend Niemals sagen.

Manche davon unterstreichen nur, was wir bereits besprochen haben, andere werden in künftigen Briefen wiederkehren. Wenn Du meinst, daß wir unsere Briefe fortsetzen sollten, wirst Du selbst noch merken, daß meine ungeschickten Erklärungsversuche hier und da eine Wiederholung verlangen. Einige Fehler habe ich während meiner Arbeit an zerrütteten Ehen so oft gesehen, daß ich genau weiß, wie leicht sie in Vergessenheit geraten können.

Wir haben bereits darüber gesprochen, wie Eheleute sich im Gespräch füreinander öffnen sollen. Du wirst bald feststellen, daß es heute vor allem darum geht, was man nicht aussprechen soll. Irgendein kluger Mann hat einmal gesagt: „Gott gab uns einen Mund, den wir schließen können, aber Ohren, die stets offen sind. Das sollte uns nachdenklich stimmen." Für Eheleute ist das ein sehr gutes Wort.

1. *Nörgele niemals über Dinge, die sie nicht ändern kann*
Ein kluger Ehemann trifft über manches eine für immer gültige Entscheidung. Dazu sollte auch der feste Vorsatz gehören, seiner Frau niemals etwas vorzuwerfen, wofür sie nichts kann. Du erinnerst Dich an die Frau mit den übergroßen Beinen, deren Ehemann es fertigbrachte, daraus nicht ein Hindernis, sondern geradezu einen Festiger ihrer gemeinsamen Liebe werden zu lassen.
Vergiß das nie! Das Wörterbuch sagt, Sadismus sei „grausames Verhalten gegenüber anderen". Es gibt nichts Grausameres als häßliche Worte über unabänderliche Dinge.

2. *Kritisiere sie niemals öffentlich*
Du hast sicher schon erlebt, daß manche Ehepaare ein häßliches kleines Spiel daraus machen, sich in Gegenwart Dritter gegenseitig zu verletzen. Hier sind ein paar bissige Seitenhiebe, die ich erst kürzlich hörte: „Vielen Dank für eure Einladung! Das ist doch einmal etwas anderes als das ewige Fernseh-Essen!" — „Warum John das nicht in Ordnung bringt? Nun, er kann doch eine Säge nicht von einem Sägebock unterscheiden!" — „Das kann ich euch sagen: Jenny kann sich noch mit einer Polizeieskorte verlaufen!" — „Hast du schon gehört, Lieber? Andreas hat seiner Frau einen neuen Wagen gekauft. Er scheint in seinem Beruf wirklich tüchtig zu sein!"
Es beweist immer schlechten Geschmack, die Schwächen des Partners außerhalb der eigenen vier Wände zu erwäh-

nen. Für die Zuhörer ist es peinlich. Es zeigt lediglich, daß Ihr Eure Probleme zu Hause nicht klar genug zu besprechen scheint.

Du mußt daran denken, daß manches zur Normalausstattung jeder Frau gehört. Gott hat uns Männern eine Wohltat erwiesen, als er es so einrichtete, vorausgesetzt, daß wir es erkennen und richtig zu nutzen wissen. Zum Beispiel kann eine Frau Untreue in jeder Form nicht verwinden. Zum Glück ist das Gegenteil ebenso wahr. Sie liebt ihren Mann immer mehr und mehr, wenn sie weiß, daß sie sich auf ihn verlassen kann. Weil das so ist, solltest Du Deiner Frau schon zu Beginn Eurer Ehe offen in die Augen sehen und feierlich versprechen: „Weder bei Tage noch bei Nacht werde ich dich in Gegenwart anderer bekritteln. Nicht vor deiner, nicht vor meiner, nicht vor unserer Familie! Nicht vor Bekannten, Freunden und Fremden! Weder vor deinen Ohren noch hinter deinem Rücken! Weder durch Spott noch durch bissige Bemerkungen, noch auf sonst irgendeine Weise will ich etwas tun, was dir gegenüber nicht anständig wäre!"

*3. Vergleiche sie niemals zu ihrem Nachteil mit anderen Frauen*

Ich erinnere mich einer kleinen Frau, die einen Witwer heiratete. Er war ein guter Kerl, und sie war glücklich mit ihm. Eines aber mißfiel ihr sehr, und darum suchte sie mich auf. „Nach der Trauung schien seine tote Frau wieder lebendig geworden zu sein. Jetzt muß ich dauernd mit ihr leben", sagte sie. „Ich weiß, wie Helen aussah, wie sie kochte, ging und sprach. Ich glaube, aus unserer Ehe wird nichts, wenn wir sie nicht enthelenisieren können."

Wir konnten es nicht! Ich muß leider sagen, daß wir den Mann nicht davon überzeugen konnten, daß man eine Frau nicht dadurch gewinnt, daß man ihr unaufhörlich die Vorzüge einer anderen vorhält. Zu diesen anderen gehören die alte Freundin, Nachbarinnen, die Frauen anderer Männer, gutaussehende Sekretärinnen, das Fotomodell auf dem Titelblatt der Illustrierten, Filmschauspielerinnen und sogar Deine eigene Mutter. Alle, alle sind sie eingeschlossen!

Dabei stelle ich am häufigsten fest, daß ein Mann seine Mutter nicht an den Platz gestellt hat, an den sie gehört. Selbstverständlich freut es mich, daß Du eine so hohe Meinung von Deiner Mutter hast. Sie kocht meisterlich. Sie ist eine vollendete Hausfrau. Sie ist immer wohlgelaunt, und ich halte sie für die allerbeste Frau. Aber das gilt nur für mich, nicht für Dich! Deine Pflicht ist es jetzt, immer dafür zu sorgen, daß Marilyn genau weiß, daß sie in Deinem Herzen an erster Stelle steht.

Ich betone das so besonders, weil ich zu viele Männer kenne, denen man nie gesagt hat oder die vergessen haben, daß man seine Frau nicht durch beständigen Vergleich mit anderen ändern kann.

*4. Benutze niemals Zeitzünderbomben*

Es gibt verschiedene Arten von den Zeitzünderbomben, und einige davon wirken tödlich. Zum Beispiel ihr plötzlich sagen, daß Dir etwas mißfällt, was sie schon lange tut. Wenn eine Frau merkt, daß sie ihrem Mann seit Jahren in einem bestimmten Punkt mißfallen hat, ohne daß er es ihr jemals sagte, kann das ein ziemlich erschütterndes Erlebnis sein. Denn sie wird sich fragen: „Was mag ihm wohl sonst noch an mir nicht gefallen?" Das macht sie unsicher und erschüttert ihr Vertrauen zu sich selbst, zu Dir und zur Zukunft. Selbstverständlich ist die Lage anders, wenn Du selbst erst gerade gemerkt hast, was Dir mißfällt. Aber

auch dann gibt es einen richtigen und einen falschen Weg,
sie das wissen zu lassen. Du solltest sicher sein, daß Du
diesen Unterschied zu beachten lernst.

5. *Geh niemals fort, wenn sie weint*

Wenn sie innerlich weint, gilt das genauso, wie wenn sie
Tränenbäche vergießt. Ob Du daran schuld bist oder ein
anderer, spielt keine Rolle. Tränen fordern Zärtlichkeit.
Deshalb gibt es in solchen Fällen nur ein richtiges Verhalten: Man muß seine Frau in den Arm nehmen und ihr sagen, daß Du es bedauerst.

„Werde doch endlich einmal erwachsen, Marilyn!" sind
sechs Worte, die niemals über Deine Lippen kommen dürfen. Vielleicht tut es ihr einfach gut, sich auszuweinen. Tränen können Heilmittel sein, besonders für Frauen, die sich
dabei an eine starke Schulter lehnen können. Gerade solche
Augenblicke werden Deiner Frau besonders lieb werden,
weil sie spürt, daß Du Anteil nimmst und auch solche
trüben Augenblicke mit ihr teilen willst.

6. *Lege niemals Hand an sie, außer aus Liebe*

In manchen Ländern ist sie gesetzwidrig, aber auch wo das
Gesetz sich nicht darum kümmert, wird rauhe körperliche
Handlung wahrscheinlich zu dauerhaftem Schaden führen.
Die meisten Frauen können es ihrem Mann verzeihen, daß
er keine Schönheit ist, kein geistiges Schwergewicht, keine
große Position hat. Nimmt der Mann aber Zuflucht zu bru-
taler Kraftanwendung, dann ist die Lage anders. Zunächst
einmal wäre ein solcher Mann nicht gerade ein Muster-
beispiel männlicher Intelligenz. Denke an das alte chinesi-
sche Sprichwort: „Wem zuerst die Gedanken fehlen, der
führt den ersten Schlag!" Solltest Du jemals die Versuchung in Dir aufsteigen spüren, die Hand gegen Deine Frau
zu heben, dann unternimm schnell einen Spaziergang um

das Häuserviertel oder erinnere Dich an eine dringende Verabredung. Und wenn Du fürchtest, ein solcher zeitlicher Abstand genüge nicht, dann packe die Zahnbürste ein und fahre in Urlaub. Alles ist besser als eine Ohrfeige!

Ich habe genug Männer erlebt, die ihre Frauen schlugen und dann mit den zerbrochenen Stücken ihrer Ehe zu mir kamen und sie wieder gekittet haben wollten. Selbstverständlich versuchen wir auch dann alles, was wir können, aber sehr oft läßt sich der alte Glanz nicht wiederherstellen. Manche von diesen armen Narren sind krank, andere einfach brutal, und wieder andere müssen erst noch erwachsen werden. Aber mit allen fällt mir die Arbeit sehr schwer. Sicher ist das zum Teil meine Schuld, weil ich im Grunde daran glaube, daß man alle Männer durchprügeln sollte, die ihre Frauen schlagen.

Das ist genug zum Thema „niemals".

Bis morgen!
Dein Vater

## Bemühe Dich

LIEBER STEFAN,

gestern haben wir uns mit einem halben Dutzend Niemals-
regeln beschäftigt. Beachtet man auch nur eine von ihnen
nicht, so kann eine Ehe daran zerbrechen. Heute will ich
einige Dinge mit Dir besprechen, die einer Frau vielleicht
nicht gleich das Herz brechen, die aber doch die ehelichen
Beziehungen erheblich trüben können.
Diese Bemühe-Dich-Regeln gebe ich mit derselben Absicht
weiter wie alle anderen Ratschläge in diesen Briefen. Ich
schreibe einfach die Dinge auf, die sich bei mir als gut erwiesen haben. Wenn ich sie Dir weitergebe, hoffe ich, daß
Dir einige davon nützlich sein werden, und daß Du andere
hinzufinden wirst, die dann für Dein Zusammenleben mit
Marilyn noch wertvoller sind.
Erinnere Dich, daß die richtige Behandlung Deiner Frau so
etwas wie ein Sparkonto ist. Eines Tages ist man froh darüber. Ich habe erfahren, daß frühe Einzahlungen auf dieses

Konto später reiche Zinsen bringen. Ich habe auch genug alte Ehepaare aus der Nähe gesehen und weiß, daß eine Gemeinschaft, die auf der ersten Hälfte des Weges gut zusammengefügt wurde, dann immer nur noch fester werden kann. Wird man alt und ein wenig klapprig, so gibt es nichts Schöneres als das Leben in einer liebevollen Gemeinschaft, von der man weiß, daß man sie selbst mitgeschaffen hat. Du kennst meine Meinung, daß man im Heute so intensiv wie möglich leben soll. Ein tüchtiger Mann muß aber den Blick auch hin und wieder in die Zukunft richten.

Praktisch verlangen all diese Bemühe-Dichs einiges Vorausdenken. Stell Dir zum Beispiel einen Ehemann vor, der eines Tages von der Arbeit heimkommt und sagt: „Ich muß morgen geschäftlich nach Hawaii fliegen und möchte gern, daß du mitkommst!" Welche Frau würde sich darüber wohl nicht freuen? Diejenige, die herausfindet, daß ihr Mann schon seit drei Wochen von dieser Reise wußte und ihr kein Wort davon gesagt hat.

Du kannst Dir vorstellen, was das für sie bedeutet. Ob sie nun an die Kinder zu denken hat (Beaufsichtigung, Einkäufe, Schule und zahllose Dinge, von denen nur Mütter etwas wissen), oder ob sie nur sich selbst vorbereiten muß (Kleiderauswahl, Friseur, die wichtige Ausschußsitzung übermorgen und tausend andere Dinge, von denen nur Frauen ohne Kinder etwas wissen), in keinem Fall — und ich spreche aus Erfahrung — darf man eine Frau so behandeln! Wenn sie sich auch glücklich preist, daß ihr Mann sie bei sich haben will, wenn sie sich auch abhetzt, um rechtzeitig fertig zu werden, wenn sie auch endlich erschöpft, aber pünktlich in den Sessel des Flugzeuges sinkt — diese Reise und jede künftige wird besser für Euch beide sein, wenn Du Dich bemühst, sie nicht so zu behandeln.

Hast Du freilich selbst erst erfahren, daß Du morgen aufbrechen mußt, wird sie es gern ertragen, weil sie genau weiß, daß Du zumindest teilweise in derselben Hetzerei steckst. Ob es sich nun um Hawaii handelt oder um eine nachmittägliche Fahrt durch die Stadt, um eine Dienstreise in die Umgebung, bei der sie ein paar Verwandte besuchen kann, darauf kommt es nicht an. Du hast schon verstanden. Sie ist Dir noch viel dankbarer, wenn sie merkt, daß Du auch an ihre Bequemlichkeit gedacht hast.

Dasselbe gilt für kleinste Kleinigkeiten bis hinab zum dunklen Anzug. Du solltest ihr einen Tag vorher sagen, daß Du ihn brauchst, anstatt Dich morgens aufzuregen, daß er in der Reinigung ist, wenn Du ihn für eine lebenswichtige Besprechung brauchst, von der Deine Frau keine Ahnung hatte.

Das Leben mit zerstreuten Professoren muß selbst jene Engel manchmal zur Verzweiflung bringen, die kaum jemals die Flügel hängen lassen. Eine Frau bleibt eine Frau. Das bedeutet unter anderem, daß sie alle Zeit braucht, die Du ihr geben kannst, um ihre große Arbeit, ihre kleine Arbeit und die viele Arbeit dazwischen zu bewältigen.

Ein anderes Bemühe-Dich lohnt auch einiges Nachdenken. Du solltest auch das in Deinen Augen Unwichtige ihr erzählen, damit sie niemals in Verlegenheit geraten kann. Nehmen wir an, Du hast gehört, daß bei Beckers das erwartete Kind angekommen ist. Wenn Marilyn zwei Tage darauf den stolzen Vater trifft und fragt: „Nun, wann ist es denn endlich soweit?" erkennst Du, was Du dann angerichtet hast. Er weiß, daß Du es wußtest und nur versäumt hast, die freudige Nachricht weiterzugeben. Du hast nicht nur als Freund versagt, sondern auch noch Marilyn ganz unnötig in Verlegenheit gestürzt. Das ist aber noch nicht alles! Du hast ihr auch die stille Frage aufgedrängt: „Was er mir wohl sonst noch alles verschweigen mag?" Und wenn solche Versehen sich häufen, dann bleiben auch andere Fragen nicht aus: „Was ist denn mit den beiden los? Sprechen sie nicht mehr miteinander?" Das arme Mädchen! Es muß doch schlimm sein, wenn man mit einem so unaufmerksamen Mann verheiratet ist!

Ob es sich um die Geburt eines Kindes handelt oder um den Tod eines Kollegen, um das Erdöl, das man in Mr. Adams Gemüsegarten entdeckt hat oder um die Windpokken der Nachbarskinder — irgendwo mußt Du in Deinem Hirn ein winziges Eckchen für solche Dinge reservieren und sie getreulich weitergeben.

Und ein Bemühe-Dich sollte ich vielleicht noch erwähnen, weil es wichtig ist. Ich höre immer wieder, daß viele Männer es gar nicht bemerken, wenn ihre Frauen etwas Neues an sich haben: eine neue Frisur, ein neues Kleid, ein neues Parfüm, einen neuen Morgenrock, ein neues Irgendwas. Kürzlich sprach ich mit einer Gruppe von jungen Verlobten über die Frage, wie man seine Frau behandeln sollte, und wir kamen auch auf dieses Thema zu sprechen. Eine sehr attraktive Frau bemerkte dazu: „Käme ich in einem neuen Cadillac nach Hause, würde er es wahrscheinlich sehen, denn neue Autos kosten Geld. Trüge ich aber eine schwarze Augenklappe, so würde er das in den ersten sechs Wochen wohl kaum bemerken."

Hoffentlich hat sie nur übertrieben, um sich verständlich zu machen. Aber dies ist ganz gewiß kein Scherz: Je aufmerksamer Du bist, desto mehr wird sie Dich lieben!

Bemühe Dich, das nicht zu vergessen!

Dein Vater

*Manche Augenblicke gehören nur ihr*

LIEBER STEFAN,

ich sitze in meinem Büro, und alles hat sich nach einem dieser Drunter-und-Drüber-Vormittage ein wenig beruhigt. Gerade eben habe ich mit Mutter gesprochen. Sie läßt Dich grüßen.

In einem früheren Brief habe ich mich auf meine eigenen peinlichen Erinnerungen bezogen. Was ich Dir heute erzählen will, gehört auch dazu. Die Geschichte führt uns auf einen wichtigen Seitenweg des Themas „Menschen und Dinge".

Damals rief ich Mutter an und eröffnete das Gespräch mit einem ihrer Lieblingssätze wie: „Ich wollte nur einmal deine Stimme hören", oder: „Ich habe gerade ein hübsches Mädchen gesehen, und da mußte ich an dich denken!" Und dann sprachen wir weiter.

Bis dahin war alles ausgezeichnet.

Aber mitten hinein fragte ich: „Sag mal, ist die Post schon

da? Haben wir den Scheck für den Steuerausgleich bekommen?"

Nun haben Steuerrückzahlungen nichts Schlimmes an sich. Ich mag sie sogar ausgesprochen gern. Aber ich hatte das Gespräch begonnen: „Ich wollte *nur* ..." Du erinnerst Dich.

Und dann hörte sie als nächstes ausgerechnet etwas über Steuern. Darauf folgte ein langes Schweigen. Du weißt ja, wie Deine Mutter ist, wenn es nichts zu sagen gibt, dann sagt sie auch nichts!

Ich versuchte mehrmals, wieder dort anzuknüpfen, wo wir stehengeblieben waren, aber es ist eben doch wahr, daß „ein Narr Narrheit ausbreitet".

Nachdem ich den rechten Augenblick so gründlich verdorben hatte, verabschiedete ich mich und dachte ein wenig nach. Und dabei fand ich heraus, daß ein Mann manches zerstören kann, wenn er alles auf einmal erledigen will. Ich hatte zugelassen, daß meine Frage ein Kompliment ins Gegenteil verkehrte.

Es stimmt keineswegs, daß alles in Ordnung ist, nur weil Ihr verheiratet seid. Gewiß, an manchen Tagen passen „ich wollte nur deine Stimme hören" und die Frage nach der Steuer durchaus zusammen. Aber bei anderen Gelegenheiten verdirbst Du eben alles, wenn Du solche Dinge vermischst. Ich würde Dir sehr gern erklären, wie Du hier abwägen und unterscheiden mußt, aber ich fürchte, das ist einer der heiklen Wege, den nur jeder für sich allein gehen kann.

Hoffentlich lernst Du es. Frauen haben mir immer wieder bestätigt, daß es die winzigen Kleinigkeiten sind, die den Unterschied zwischen einem großen Liebhaber und einem gewöhnlichen Ehemann ausmachen. Die großen Liebhaber sind offenbar diejenigen, die ihren Frauen hin und wieder das Gefühl geben, sie dächten einzig und allein an sie und hätten nichts anderes im Kopf als ihre Frauen, die hinreichend interessant seien, um ihre Männer voll und ganz zu beschäftigen.

Bleib aufmerksam!
Dein Vater

PS: Du hast sicher schon selbst bemerkt, worin mein Fehler bestand. Ich hätte ja einhängen und wegen der Steuerrückzahlung noch einmal anrufen können, nicht wahr?

## Dialog über Launen

LIEBER STEFAN,

Falls Du Dich jemals bei dem Gedanken „Frauen werde ich niemals begreifen" ertappst, dann füge schleunigst „Gott sei Dank!" hinzu. Dies ist nämlich eins der Dinge, die eine Ehe nie langweilig werden lassen.

Ich habe Dir schon mehrmals gesagt, bei welchen Gelegenheiten Du die Reaktionen Deiner Frau im voraus bestimmen kannst. Aber ganz gewiß wird sie Dich noch mehr lieben, wenn Du lernst, auch dann mit ihr umzugehen, wenn sie Dir unverständlich bleibt.

Psychologen sagen, das beste Klima für unsere gesunde Entwicklung sei dann gegeben, wenn wir alle unsere Gefühle unbeschwert ausdrücken können. Es sollte ein Ziel Eurer Ehe sein, daß Ihr Eure Verbindung so gestaltet, daß jeder sagen darf, was er gerade sagen möchte, tun darf, wonach ihm zumute ist, sein darf, wie er sein will.

Aber Ihr dürft nichts überstürzen. Die völlige Freiheit,

alle die vielen verschiedenen Ichs in uns auszuleben, solltet Ihr zu Euren langfristigen Zielen zählen. Versucht Ihr Euch gleich von Anfang an in dieser Aufgabe, so werdet Ihr vermutlich in den ersten zwölf Monaten so viel zerstören, daß Ihr Jahre braucht, um es wiederaufzubauen.

Du siehst also, daß wir hier über ein sehr delikates Thema sprechen. Da jeder Mensch sich von jedem anderen unterscheidet und darüber hinaus jeder von uns jährlich, monatlich, wöchentlich, täglich und stündlich ein anderer ist, entschloß ich mich, auch andere hierzu zu hören und lud ein halbes Dutzend Männer ein, die ich gut genug kenne, um mit ihnen über Ehe und Launen zu sprechen.

Diese Männer verdienen ihren Lebensunterhalt in sehr verschiedenen Berufen, und sie unterscheiden sich so sehr voneinander, wie sechs Männer sich überhaupt unterscheiden können. Nur in einem sind sie sich gleich, alle sechs sind sehr erfolgreiche Ehemänner.

Ich erzählte ihnen, warum ich ihre Meinungen hören wollte. Sie wußten also, daß ein Teil dessen, was sie sagten, in einem Brief an Dich stehen würde. Du wirst merken, daß sie gleich mitten in das Thema eingestiegen sind. Ich gebe Dir hier Auszüge aus der Tonbandaufzeichnung. Hin und wieder habe ich einen Kommentar in Klammern beigefügt.

*Vermischte Bemerkungen zum Thema Launen*

„Mein Beruf ist das Verkaufen. Dazu muß ich die Launen meiner Kunden studieren. Deshalb kommt es mir ganz natürlich vor, wenn ich meine Frau als Kundin betrachte und mich auch um ihre Launen kümmere."

„Ja, das ist richtig! Wie oft sind wir nicht im Geschäft verbindlich und zu Hause brummig! Manchmal merke ich selbst, daß ich den ganzen Tag über zu allen möglichen Menschen nett war und mich zu Hause wie ein Tyrann aufspielte."

(Erinnerst Du Dich an das Gedicht eines unbekannten Autors, das ich Dich vor langer Zeit lehrte? „Für Fremde haben wir stets Zeit, in Höflichkeit uns zu üben, und kränken immer die zumeist, die wir am meisten lieben.")

„Ich finde, man kann nichts Besseres tun, als sich auf dem Heimweg richtig auszuschimpfen. Das ist so, als müßte man einen Überdruck loswerden. Meine Frau scheint ihre Laune immer meiner anzupassen. Komme ich fröhlich heim, ist sie auch froh. Wenn ich mürrisch bin, ist sie es auch."

„Eines ist bei meiner Frau ganz sicher — sie ist immer nervös. Aber mir ginge es nicht anders, wenn ich die Kinder den ganzen Tag um mich hätte. Also muß ich stets ein bißchen Zeit darauf verwenden, sie aus ihrer allzu großen Anspannung zu lösen."

„Bei uns versucht immer einer den anderen aufzurichten. Manchmal muß ich es tun, manchmal meine Frau. Wir beobachten einander genau, um rechtzeitig zu merken, wer gerade an der Reihe ist."

*Interessante Bemerkungen über die Wandelbarkeit
der Frauen*

„Manchmal ist meine Frau scharfsinnig wie eine Staatsanwältin. Und dann stellt sie mir wieder dumme Fragen, wie: ‚Wer hat eigentlich die Autobiographie von Eisenhower geschrieben?' Wenn ein Mann klug genug ist, um herauszufinden, wann seine Frau gerade mal wieder ein Dummerchen ist, kann er vieles erreichen. Sagen Sie das Ihrem Sohn! Es kann ihm vielleicht nützen!"

„Ja, von den Stimmungen hängt vieles ab. Heute möchte sie gern weinen, morgen will sie unbedingt lachen. In dieser Woche ist sie ein wahres Lamm, in der nächsten geht man ihr besser aus dem Weg."

„Sagen Sie Ihrem Jungen, daß es im Schlafzimmer auch nicht anders ist. Einmal kommt einem die Frau vor wie eine Sklavin in Ketten, dann benimmt sie sich wieder wie in einem französischen Film. Man muß immer erst wissen, in welcher Stimmung sie sich gerade befindet, wenn man sicher sein will, wie man sich selbst benehmen soll."

*Bemerkungen über das Erkennen von Launen*

„Ob Sie es glauben oder nicht, meine Frau scheint ihre Launen vom Wetter zu übernehmen."

„Man kann viel über die Stimmungen einer Frau erfahren, wenn man ihren Menstruationszyklus kennt. Zu gewissen Zeiten kann sie einem gar nicht genug Liebes tun. Dann folgen Tage, in denen sie gern wie ein Baby behandelt werden möchte. Wenn ich mich danach richte, verstehen wir uns ausgezeichnet."

„In meiner Ausbildung habe ich gelernt, daß es tatsächlich hormonale Veränderungen gibt, die Launen und Stimmungen beeinflussen. Bevor ich das richtig erkannt und anerkannt habe, hatten wir bisweilen recht stürmische Zeiten."

„Meine Frau kleidet sich nach ihren Launen. Wenn ich sehe, was sie anzieht, kann ich fast genau sagen, was in ihrem Kopf vorgeht."

*Gedanken über die Behandlung der Frauen
und ihrer Launen*

„Ich meine, das ganze Geheimnis liegt darin, daß man seiner Frau ausreichend Freiheit läßt. Die richtige Gemeinsamkeit beruht auf dem rechten Getrenntsein. Die Frau braucht auch ihre eigenen Freunde. Sie muß ihren Kreis haben, aus dem ich ausgeschlossen bin. Gebe ich ihr diese Freiheit, dann entfallen viele Launen. Sie betrachtet mich dann auch nicht so sehr als ihren Besitz, und das macht alles leichter."

(Er will damit sagen, daß er seiner Frau genug Raum gewährt, in dem sie ganz sie selbst sein kann. Deshalb überläßt sie ihm diesen Raum ebenfalls. Darüber haben wir schon gesprochen, aber eine Wiederholung kann nicht schaden. Ausreichender Freiheitsraum ist sehr wichtig für das Einssein unter Eheleuten.)

„Jack, du sagtest vorhin, Alice möchte dich manchmal wie ein kleines Baby behandeln. Ich lege besonderen Wert darauf, solche Augenblicke nicht zu verpassen. Ich meine, der Mann sollte zwar Herr im Hause sein, aber manchmal muß er auch wie ein kleines Kind sein können. Ich komme mit Joan am besten aus, wenn ich mich von Zeit zu Zeit von ihr bemuttern lasse. Das beruhigt sie. Außerdem habe ich es manchmal selbst sehr gern."

„Geraldine möchte, daß immer alles nach ihrem Kopf geht. Erst habe ich mich gefügt, dann habe ich ein wenig nachgedacht. Es gibt genug Gebiete, auf denen es wirklich nicht darauf ankommt. Also sage ich bei allen Kleinigkeiten nur ‚Ja, ja.‘ Halte ich aber etwas für wichtig, dann sage ich: ‚So wird es gemacht und nicht anders!‘ Alles geht gut, wenn ich mich an diese Regel halte."

„Kommen wir doch noch einmal auf das zurück, was Tom über Freiheit, verschiedene Interessen und dergleichen sagte. Dasselbe gilt auch, wenn Mann und Frau beisammen sind. Manchmal wünscht man sich ein Gespräch, aber es gibt auch Tage, an denen man nichts als seine Ruhe haben will."

„Bei Mary ist es die Hauptsache, daß ich mich elend fühle, wenn ihr auch nicht wohl ist. Anfangs habe ich gesagt: ‚Nun hör doch endlich auf damit!' Inzwischen bin ich klüger geworden."

„Wißt ihr, was ich tue, wenn meine Frau ihre trüben Stimmungen hat? Wenn irgend möglich, lade ich sie in den Wagen und fahre mit ihr durch die Slums. Wenn sie das Leben dort sieht und wieder heimkommt, dann sind ihre trüben Stimmungen vorbei."

„Und ich gehe in solchen Fällen mit Geraldine in eine Komödie."

„Bei uns ist es umgekehrt. Wenn ich einen recht traurigen Film finden kann, besuche ich ihn mit ihr. Wenn sie sieht, wie deprimierend das Leben anderer Leute ist, bessert sich ihre Laune erheblich."

„Alice kann am leichtesten aus der Fassung gebracht werden, wenn ich mich über irgendeinen verrückten Wunsch von ihr lustig mache. Wenn sie etwas ganz Abwegiges im Sinn hat, muß ich natürlich etwas unternehmen. Meistens ist es aber besser, sie gewähren zu lassen. Sie ist viel glücklicher, wenn sie selbst herausfindet, daß es nicht so klappt, wie sie es sich gedacht hat. Vielleicht braucht sie sogar hin und wieder einen Reinfall, um sich wohlzufühlen. Es ist aber auch schon vorgekommen, daß ich ganz sicher von der Absurdität ihrer Idee überzeugt war, und dann erwies sie sich als ausgezeichnet."

„Man sollte immer einen kleinen Scherz bereit haben, der sie zum Lachen bringt. Trübe Stimmung läßt sich oft mit einem Lachen vertreiben."

„In unserer ersten Ehezeit war meine Frau ziemlich eifersüchtig, und ich versuchte alles, daß sie damit fertig werde. Ich neckte sie, war verschlossen, ich gab ihr tatsächlich ein wenig Grund zur Eifersucht. Schließlich ging ich zu einem Psychiater. Er sagte mir: ,Eines müssen Sie begreifen: Ihre Frau fürchtet sich nicht vor dem, was andere Frauen vielleicht besonders anziehend macht. Sie quält sich vielmehr mit dem Gedanken, was ihr selbst wohl fehle. Wenn Sie Ihrer Frau möglichst viel Selbstsicherheit geben, verschwindet die Eifersucht von selbst.' Das habe ich dann auch getan, und es hat tatsächlich geholfen."

Interessante Bemerkungen, nicht wahr? Vielleicht solltest Du noch die Berufe der sechs wissen: Kaufmann, Vizepräsident einer Ölfirma, Postangestellter, Literaturprofessor, Viehzüchter und ein Medizinstudent, der Psychiater werden will. Aber eines haben sie alle gemein, ihre Frauen halten sie für die besten Ehemänner der Welt!

Genau das wird auch Deine Frau tun, wenn Du lernst, mit ihren Launen umzugehen.

Viel Spaß dabei!

Dein Vater

*Sorgen sind zum Teilen da*

Lieber Stefan,

Doktor Wilkinson erteilte mir einmal wertvollen Unterricht in der Kunst der Frauenbehandlung. Wir fuhren an jenem Abend zu einer verzweifelten Frau, die zugleich ihren Arzt und ihren Geistlichen zu sich gebeten hatte. Sie wollte eben sehr gründlich sein und hatte am Telefon erklärt, sie sei im Begriff, „dieses irdische Jammertal zu verlassen" (genau das waren ihre Worte).
Ich kam als junger Pastor frisch vom Seminar. Der Doktor hatte mich zu Hause abgeholt, wie er es später noch oft zu tun pflegte, weil wir die besten Freunde wurden.
Ich wünschte, Du hättest ihn gekannt! Sein Gesicht blieb stets völlig unbewegt, aber er hatte ein sehr mitfühlendes Herz. Meines Wissens hat er niemals einen Menschen abgewiesen, der ihn um Hilfe bat. Vermutlich hätte nur ein Computer feststellen können, wie viele Menschen ihm die Rechnungen schuldig blieben. Als er starb, war es, als ginge

ein alter vertrauter Baum vor dem Fenster ein. Er liebte die Menschen und konnte in ihnen lesen wie in einem Buch. Er war einer der größten Lehrer der „Umgangspsychologie", denen ich je begegnet bin.

An jenem Abend las er in mir. Ich war aufgeregt wie ein junges Pferd, das zum erstenmal ins Springtraining geht. „Beruhigen Sie sich, Pastor", brummte er und fuhr dann mit seiner ruhigen, tiefen Stimme fort: „Sie wird nicht sterben. Wir beide werden sie gemeinsam wieder auf die Beine bringen. Ich behaupte nicht etwa, daß sie keine Schwierigkeiten hat. Im Gegenteil! Sie hat eine ganze Menge, aber sie bildet sich alle nur ein."

Dann erzählte er mir ihre Geschichte. Ihr Mann war im vergangenen Jahr gestorben. Der Arzt sagte: „Ich spreche nicht gern abfällig von Toten, aber er hat das Leben seiner Frau tatsächlich ruiniert."

Henry war kein schlechter Mann, aber er behandelte seine Frau, als sei sie ein Kind. Einmal vernichtete die Rinderpest seine ganze Herde. Er erzählte es ihr nicht. Auch größere Geldverluste verheimlichte er vor seiner Frau. Als die Scheune abbrannte, hätte sie bestimmt nichts davon erfahren, wenn sie nicht die Flammen gesehen hätte.

„Es ist ein schwerwiegender Fehler, wenn man seine Frau so behandelt", fuhr der Doktor fort. „Früher oder später bildet sie sich dann allerlei Katastrophen und Schwierigkeiten ein, damit ihr Geist beschäftigt ist... Eine Frau braucht hin und wieder etwas Dramatisches. Bekommt sie es nicht an der richtigen Stelle, dann sucht sie es eben an den ungeeignetsten Stellen selbst. Daher muß ein Mann seine Probleme im rechten Augenblick und vollständig mit seiner Frau teilen."

In den seither vergangenen Jahren habe ich feststellen

können, wie recht er damit hatte. Ich habe Frauen erlebt, die nur krank wurden, um zu beweisen, daß ihr Leben überhaupt einen Wert hat. In einigen dieser Fälle habe ich an Doktor Wilkinson und seine Lehren gedacht und herausgefunden, daß ein Ehemann, der seine Frau vor den Unbilden des Lebens zu sehr behütete und beschützte, die Ursache aller Schwierigkeiten war.

Ich mußte Dir gerade diesen Brief schreiben, weil ich zu oft Männer sagen hörte: „Ich möchte meine Frau nicht mit meinen Problemen beunruhigen. Schließlich hat sie doch genug eigene Sorgen" (meistens sagen sie das in einem solchen Ton, als verdienten sie einen Orden dafür).

Wenn Du Dich jemals bei einer solchen Einstellung ertappen solltest, wirst Du sie hoffentlich schleunigst ändern. Schließlich werdet Ihr beide eines Tages versprechen, Freud und Leid miteinander zu teilen und in guten und bösen Tagen zueinander zu stehen. Ein Ehemann, der das vergißt, hat morgen vielleicht viel größere Sorgen, als er sie heute hätte, wenn er offen mit seiner Frau spräche.

Selbstverständlich gibt es richtige und falsche Methoden, unsere Sorgen mitzuteilen. Vielleicht kann auch eine kleine Verschiebung manchmal durchaus angebracht sein. Das ändert jedoch nichts an der Regel, daß Sorgen zum Teilen da sind. Du enthältst Deiner Frau vieles vor, wenn Du daran nicht glaubst.

Erstens hast Du sie dann aus der Partnerschaft ausgeschlossen, die Teil einer jeden Ehe ist. „Gemeinsam" ist eines der schönsten Worte unserer Sprache. Es wirkt besonders schön, wenn es bedeutet, daß zwei Menschen die Kluft zwischen sich schließen und Schulter an Schulter gegen alles angehen, was sie bedrängen will.

Zweitens beleidigst Du auch ihre Intelligenz, wenn Du sie davon ausschließt, mit Dir Deine Probleme zu durchdenken. Ist die Frau so klug wie Marilyn, wird sie bald merken, wenn Dich etwas bedrückt. Muß sie dann jedesmal mühselig nach Auskünften bohren, werden sich in ihr bald einige Fragen ansammeln. „Warum vertraut er mir nicht? Meint er, ich sei nicht klug genug, um seine Sorgen zu verstehen? Gibt es einen anderen Menschen, mit dem er seine Probleme bespricht?"

Wir wissen beide, daß es Frauen (und Männer) gibt, deren Intelligenzquotient nicht gerade überwältigend ist. Verfolgen wir aber die mangelnde Klugheit bis zu den Ursprüngen zurück, so finden wir vielleicht, daß ihnen anfänglich auf diesem Gebiet gar nichts fehlte. Man hat ihnen nur niemals Gelegenheit gegeben, ihre Talente zu entwickeln.

Aber auch eine sehr weite Kluft kann von einem klugen Mann überbrückt werden. Ich kenne einige Paare, bei denen der Mann ein sehr kluger Kopf ist, sie aber — um einen Deiner Ausdrücke zu verwenden — von Tuten und Blasen keine Ahnung hat. Und doch finden solche Männer manchmal Hilfe dadurch, daß sie in Gegenwart ihrer Frauen laut über ihre Probleme sprechen. Die Frau fühlt sich geehrt, daß sie zuhören darf.

Wenn Du auf Gebieten sehr tüchtig bist, auf denen sie nicht heimisch ist, wird sie vielleicht ganz besonders froh sein, wenn Du sie in Dein Vertrauen ziehst. Sie wird solche kostbaren Augenblicke sorgsam aufbewahren und sich später sagen: „Mein kluger, tüchtiger Mann hat mich doch tatsächlich nach meiner Meinung gefragt!"

Du richtest noch einen weiteren Schaden an, wenn Du Deine Probleme nicht zur rechten Zeit und ausführlich mit

Deiner Frau teilst. Überwindest Du alle Schwierigkeiten mit fliegenden Fahnen und berichtest später von Deinem Erfolg, so hast Du ihr die Erregung vorenthalten, an ihm teilgehabt zu haben. Unsere Glückwünsche bekommen immer dann einen besonderen Ton, wenn wir spüren, daß wir auf irgendeine winzige Weise Anteil an einem Erfolg hatten.

Was folgert daraus? Nun, Doktor Wilkinson hatte genau recht! So seltsam es auch klingen mag, auf die Dauer gesehen machst Du Deine Frau glücklich, wenn Du Dein Unglück mit ihr teilst!

Einer trage des anderen Last!

Dein Vater

## Kämpfe den guten Kampf

ich wohnte einmal in einer Stadt, in der zwei Flüsse sich einander treffen. Man konnte auf einem hohen Felsvorsprung sitzen und ihren Zusammenfluß beobachten. Für Liebespaare war das ein herrlicher Fleck, um über einige Geheimnisse der Gemeinsamkeit nachzudenken.

Am liebsten möchte ich Marilyn und Dich zu diesem Felsen führen und Euch dann allein lassen, damit Ihr Euch die Begegnung dieser Flüsse anschauen könntet. Dann würdet Ihr nämlich sehen, daß beide ein wenig stromaufwärts ganz ruhig und friedlich dahinströmen. Aber unmittelbar vor dem Zusammenfluß ändert sich das Bild. Die beiden friedlichen Flüsse stürmen wild aufeinander zu. An manchen Tagen ist der Anblick fast furchterregend. In einem wilden Wirbel aus Schaum und Gischt klatschen sie aufeinander, sie fallen übereinander her, als wollte jeder das Leben des anderen auslöschen.

Und dann ist es, als nähmen sie voreinander die weißen Schaumkappen ab, verneigten sich, vereinten ihre Kräfte und sagten: „Gehen wir gemeinsam weiter! Vor uns liegt etwas Besseres!"

Und der größer gewordene Strom fließt wieder ruhig dahin. Er ist breiter und majestätischer geworden. Man hat den Eindruck, daß aus dem Zusammenprall etwas Großes entstanden ist.

In einer guten Ehe ist es oft ganz ähnlich. Wenn zwei selbständige Lebensströme sich begegnen, wird es wahrscheinlich einigen Wirbel geben. Persönlichkeiten reiben sich aneinander. Vorlieben stoßen sich. Ideen verlangen nach Macht. Gewohnheiten wollen sich durchsetzen. Dann entsteht manchmal wilde Gischt, die uns den Atem nimmt und fragen läßt, wo denn alle Lieblichkeit plötzlich geblieben sei.

Aber eine Heirat ist eben so. Aus dem Zusammenprall zweier Persönlichkeiten kann etwas Tieferes entstehen, etwas Mächtigeres als jeder der einzelnen Lebensströme vorher war.

Deshalb müssen Marilyn und Du zunächst einmal die Feindseligkeit als etwas Natürliches hinnehmen, als einen Teil des Lebens zweier blutvoller junger Menschen, die sich gemeinsam ein Heim schaffen wollen. Jungverheiratete geraten manchmal förmlich in Panik, wenn sie zum erstenmal bemerken, daß manches anders ist, als sie es sich vorgestellt haben, daß ihr Leben ausschließlich aus der Frage besteht, auf welche Weise man sich wohl liebe.

So ist das Leben nicht, und wäre es so, dann wäre es bestimmt langweilig. Zum Reiz einer guten Ehe gehört gerade das Austragen von Meinungsverschiedenheiten. Lernen, mit Wirrnissen fertigzuwerden, die Reaktionen des

Partners unter seelischen Belastungen studieren und auf feinfühlige Art behandeln — das alles sind Aufgaben, die man nicht verdrängen kann, um nur Freude und Heiterkeit herrschen zu lassen.

Das Gesetz, unter dem Du zu Hause aufgewachsen bist, lautete: „Schäme dich nicht, wenn du ärgerlich bist. Auch der Ärger gehört zu einem richtigen Menschen. Bedauern mußt du nur, wenn du mit deinem Ärger nicht auf die richtige Weise fertig wirst." An Deiner Stelle würde ich diese kleine Philosophie an Marilyn weitergeben. Ihr solltet sie zum Bestandteil Eures gemeinsamen Denkens werden lassen. Das wird ein Segen für Eure Ehe und für Euch beide sein. Magengeschwüre kommen von unterdrücktem Ärger, und nicht anders ist es mit Allergien, Kopfschmerzen, zu hohem Blutdruck, Launen, Nörgeln, Untreue, Scheidungen und manchen anderen Dingen, ohne die man sehr gut auskommen kann.

Im Gedanken an mögliche Feindseligkeiten solltet Ihr ein Abkommen treffen, nach dem Eure Meinungsverschiedenheiten ausgetragen werden.

Du erinnerst Dich, daß ich in den „Briefen an Karen" aufgeschrieben habe, was Deine Mutter und ich unsere „Sieben Regeln für einen sauberen Kampf" nennen. Wir halten sie nicht für der Weisheit letzten Schluß, aber uns haben sie genützt. Deshalb haben wir sie auch veröffentlicht. Ich wiederhole sie hier mit ein paar Kommentaren, über die Du nachdenken solltest.

1. *Ehe wir beginnen, müssen wir uns beide darüber einig sein, daß der Augenblick dafür richtig ist*

Die Bibel warnt uns davor, von Frieden zu reden, wenn kein Friede herrscht. Aber sie gibt uns auch das Gebet:

„Hüte unsere Lippen und bewahre unseren Mund." Ich finde diese Bitte ausgezeichnet. An manchen Tagen wünscht sich die Frau nichts anderes als zärtliche, liebevolle Fürsorge. Dann gibt es auch wieder Zeiten, in denen ihr die Kampfeslust aus den Augen funkelt. Wenn Du dann nicht gerade völlig erledigt bist, dann geh ebenfalls in Stellung und stoße das Kriegsgeschrei aus. Sage ihr, daß Du sie liebst, und daß Du kampfbereit bist, falls Eure Liebe gerade jetzt und in diesem Augenblick einen Krieg braucht.

2. *Wir wollen uns stets darauf besinnen, daß das einzige Ziel der Auseinandersetzung das gegenseitige bessere Verständnis sein soll*

Ein sicheres Kennzeichen unserer Reife ist die Fähigkeit, mit Sympathie auf uns entgegengebrachte Feindseligkeiten zu antworten. Das ist gewiß leichter gesagt als getan, aber es sollte ein Ziel sein, dem Du zustrebst. Wenn wir getroffen werden, ist es eine natürliche Reaktion, daß wir sofort etwas suchen, das wir zurückwerfen können. Der vollkommene Ehemann aber hält sich im Zaum und fragt sich: „Was hat sie bloß für ein Problem? Wie kann ich ihr helfen?" Das gelingt Dir, wenn Du Dich daran erinnerst, daß der große Ärger zumeist nur die Summe von vielen verdrängten Kleinigkeiten ist. Manchmal mag der Zorn Deiner Frau eine so lange Vorgeschichte haben, daß Du eigentlich kaum etwas damit zu tun hast. In diesem Sinn ist sie also gar nicht böse auf Dich, sondern auf die andern, an die Du sie durch Dein Verhalten erinnert hast. Frage Dich also niemals, wieso eine nichtssagende Bemerkung oder eine unschuldige Geste soviel Aufregung hervorrufen konnte. Es war einfach der Funke, der die Rumpelkammer ihrer Enttäuschungen in Brand setzte. Jetzt braucht sie eben einen Abzug. Der kluge Mann erzieht sich sogar dazu, sich erst dann zu verteidigen, wenn die Frau sich alles vom Herzen heruntergeredet hat. Manche Augenblicke sind nicht zum Erklären, sondern nur zum Zuhören geeignet, und sind immer dann gekommen, wenn Deine Frau mitten in ihrem Zornesausbruch ist.

3. *Wir wollen uns immer wieder vergewissern, ob unsere Waffen nicht tödlich sind*

Ist Dir schon einmal aufgefallen, daß die Atomkriegstaktiker den Ausdruck „über-töten" gebrauchen? Sie meinen damit, daß man mehr Opfer hervorruft als notwendig sind, um einen Krieg zu gewinnen. Ich meine, das ist eine wichtige Warnung für die Austragung heimischer Konflikte. Ganz gewiß willst Du niemals ihren Stolz zerstören. Nimmt der Stolz einer Frau Schaden, so wird ihr Wertgefühl davon beeinflußt, und dadurch werden ganze Käfige voller Ungeheuer geöffnet. Du kannst diesen Fehler vermeiden, indem Du stets nur das Problem angreifst, aber niemals den Menschen! Jeder Konflikt zwischen Euch sollte Euch im Herzen intakt lassen. Denkt daran, daß Ihr nicht miteinander streitet, um einander zu demütigen. Es gibt keinen Kampf auf Leben und Tod. Und dann sorgt dafür, daß Ihr das Feuer genau in der richtigen Stärke haltet. Seid Ihr darin ein wenig geschickt, so kann die Hitze Eurer Auseinandersetzung hernach eine sehr behagliche Temperatur für Eure Ehe schaffen.

4. *Wir wollen die Stimmen senken, statt sie zu heben*

Zu den nettesten Eigenschaften Deiner Mutter gehört es, Meinungsverschiedenheiten leise auszutragen. Versuche es einmal! Ich bin sicher, es wird Dir gefallen. Selbstverständlich verlangt es erhebliche Disziplin, aber Du darfst mir glauben, daß es lohnt. Sich gegenseitig mit Worten zu zertrümmern, kann gut sein. Es ist auch wichtig, daß wirklich alles zur Sprache kommt. Und man sollte immer ein paar möglichst nichtssagende Eigenschafts- und Hauptwörter und einige Sätze bereit haben, die so und so ausgelegt werden können. Bei Ton und Lautstärke Deiner Stimme ist das anders. Üblicherweise wird die Stimme bei steigendem Eifer immer lauter. Deshalb wird es gut sein, wenn Ihr Euch darauf einigt, leise zu sagen, was ausgesprochen werden muß.

5. *Wir werden niemals öffentlich streiten oder private Angelegenheiten verbreiten*

Bei diesem Punkt waren wir schon einmal, aber wir wollen noch etwas dazu sagen. Es ist immer gut, wenn Ihr Eure Streitigkeiten von den Menschen fernhaltet, die Euch am meisten zugetan sind. Der beste Freund, der Angelpartner, der Arbeitskollege oder Deine Mutter geben Dir vielleicht das Gefühl, daß ein so großartiger Mensch wie Du selbstverständlich recht haben muß. Die Sache hat nur einen Haken: Jedesmal, wenn Du die Streitgeschichte erzählst, wirst Du sie vermutlich ein wenig schlimmer darstellen, als sie tatsächlich ist. Zweitens hält Dich der Weg zu den vermeintlichen Verbündeten vom Weg zu dem einzigen Menschen ab, mit dem Du schließlich auskommen mußt — vom Weg zu Deiner Frau.

6. *Wir wollen über einen Waffenstillstand verhandeln, sobald einer von uns Halt gebietet*

Auch das erfordert feine Urteilskraft. Wenn Deine Frau auch nur ein ganz klein wenig mit dem Palmenzweig wedelt, solltest Du sie in die Arme nehmen. Da jeder Mensch anders und jede Kombination von Einzelwesen einmalig ist, mußt Du durch Versuch und Irrtum herauszufinden trachten, wo Deine eigene Linie zwischen „genug" und „zuviel" verläuft. Ein mir bekanntes Paar tut etwas Gescheites. Sie haben das, was sie ihren „Ausschuß" nennen. Das ist keineswegs irgendeine außenstehende Körperschaft, sondern nur ein vereinbartes Zeichen zwischen ihnen. Wenn nämlich einer der beiden sagt, „ich denke, wir sollten den Fall jetzt an den Ausschuß überweisen", dann bedeutet das sofortige Feuereinstellung.

7. *Haben wir uns geeinigt, dann ist das Thema erledigt, bis wir beide eine nochmalige Aussprache für notwendig halten*

Das ist für Jungvermählte besonders wichtig. Viele junge Paare gehen von der Vorstellung aus, alles müsse noch am selben Tage geregelt werden. Daran ist eigentlich nur das eine falsch, daß nämlich die Dinge nun einmal nicht so sind. Manche Fragen können unbeantwortet unter den Tisch fallen, und Ihr könnt Euch ungehindert lieben, auch wenn Ihr wißt, daß es manches gibt, was Ihr noch einmal klären müßt. Daher versucht niemals, mehr Einstimmigkeit zu erzielen, als Eure Ehe zu einem bestimmten Zeitpunkt ihrer Entwicklung herzugeben vermag. Vollkommene Verbindung zwischen Mann und Frau in der Ehe bedeutet nicht, daß diese beiden Menschen den Gipfel menschlicher Vollkommenheit erreicht haben. Sie deutet vielmehr darauf hin, daß beide den ihnen möglichen Grad der Gemeinsamkeit für diesen Tag erreicht haben und wissen, daß der morgige Tag ihnen neue Fähigkeiten und noch größere Einheit bescheren wird.

Wir sagten, den guten Kampf zu kämpfen ... Halt! Mark Atkinson ist eben aus seinem Baumhaus gefallen. Wir müssen ihn in die Klinik schaffen. Wenn ich heute nicht mehr heimkomme, schreibe ich morgen weiter ...

Am selben Abend: Nach einer Hetzjagd ins St. Lukas sitze ich wieder an meiner Schreibmaschine. Der arme Junge hat sich beide Fersen gebrochen, einige Rippen und einen Ellenbogen. Er hat ziemliche Schmerzen.

Erst vergangene Woche saßen Mutter und ich auf unserem Lieblingsplatz und sahen zu, wie Mark den Baum hinaufkletterte und sich dann an einem Seil zum Tor hinüberschwang. Es war ein atemberaubender Anblick, aber bei ihm sah es eigentlich ganz mühelos aus. Wenn ich so etwas sehe, spreche ich jedesmal ein Dankgebet, daß wir Dich ohne besondere Unfälle groß bekommen haben. Niemand kann mir ausreden, daß kleine Jungen ihren höchstpersönlichen Schutzengel haben. Wenn ich es recht bedenke, muß auch Mark einen gehabt haben. Er hätte auch auf dem Kopf landen können, als das Seil riß, und zehn Meter sind kein kleiner Sturz. Es gibt also auch hier noch etwas, worüber man sich freuen kann. Als Mann wirst Du verstehen, wenn ich froh bin, daß es nicht unser Baum war. Der muß wohl gleich von einem ganzen Schwarm von Schutzengeln bevölkert gewesen sein.

Das war eine lange Abschweifung. Da ich aber weiß, daß Du voller Mitgefühl steckst, wußte ich, daß Du gern an Mark denken würdest. Timmy wird Dir alles ausführlicher schreiben, und da ich gerade von ihm spreche, fällt mir gleich noch etwas ein, wofür ich dankbar sein kann. Mit seinen neun Jahren ist er schon viel zu schwer, um so viele Meter zu klettern, wie er Jahre zählt.

Aber wir sollten wohl wieder zu unseren Angelegenheiten zurückkehren. Ich sagte, um den guten Kampf zu kämpfen ... mußt Du Feindseligkeit als einen natürlichen Bestandteil des Lebens anerkennen und brauchst einige Regeln, nach denen Du Dinge, die Du nicht magst, an die Oberfläche kommen läßt.

Noch eine weitere sehr wichtige Überlegung gehört zu einem guten Kampf. Es geht um die Entschuldigung, um die Bitte um Vergebung und um die Zusicherung, daß Du Dein Bestes tun willst, um zu vergessen.

Für Ehemänner ist es besonders wichtig, denn ihnen scheinen die Worte „es tut mir leid" schwerer zu fallen als den Frauen. Eine bedauernswerte Frau erzählte mir kürzlich: „Mein Mann sieht überhaupt nur eine Möglichkeit, einen Streit zu beenden. Er nimmt mich gewissermaßen in den Schwitzkasten, bis ich sage: ‚Ja, ja, du hattest recht, alles ist ganz allein meine Schuld!' Allmählich habe ich genug davon. Er ist fest überzeugt, daß er und der liebe Gott die einzigen vollkommenen Wesen sind, und bei Gott hat er da auch noch einige Zweifel."

So sprach sie. Für diese Frau ist die Ehe ein erschütterndes Erlebnis. Das Fehlen der Gnade ist ein Kennzeichen der Hölle, und in diesem besonderen Fall ist das Leben zur Hölle geworden.

Denke stets daran, daß die Größe eines Mannes niemals an seinem gebeugten Nacken gemessen wird, sondern daran, ob er sich in aller Demut aufrichten und sagen kann: „Ich war im Unrecht, vergib mir!"

Aber nehmen wir einmal an, alles wäre wirklich ihre Schuld gewesen. Wenigstens dieses eine Mal. Was tust Du dann? Zumindest kannst Du ihr ein Angebot machen, indem Du sagst: „Es tut mir leid, daß wir uns gestritten haben. Ich mag das nicht. Wir sollten lieber zusammenhalten, meinst Du nicht auch?" Darauf wird sie wahrscheinlich antworten: „Nun ja, ich bin ja auch ein bißchen dumm gewesen." Eine Frau vergißt so etwas niemals. Du hast ihr eine goldene Brücke gebaut, auf der sie zurück konnte und dafür wird sie Dich immer lieben.

Der erste Schritt zur Beilegung eines Konflikts ist immer wichtiger als die Frage, wer den Streit begonnen hat. Sei Dir klar darüber, daß es nicht darauf ankommt, den Ursprung zu ermitteln, sondern allein darauf, daß alles wieder seine Ordnung hat. Wenn Ihr beide dieses Ziel stets vor Augen habt, werdet Ihr eines Tages merken, daß Ihr geradezu ein Wettrennen um den ersten Schritt zur Versöhnung veranstalten werdet.

Ein weiterer Maßstab menschlicher Reife ist die Fähigkeit zu vergessen, wenn man verziehen hat. Es gibt freilich auch Dinge, die kein normaler Mensch vergessen kann. Dann kommt es darauf an, den Vorfall dorthin zu verbannen, wohin er gehört, oder besser noch, ihn so in Eure Liebe einzubauen, daß er endlich doch zum Segen für Eure Ehe wird. Du siehst, wenn Du ein guter Ehemann sein willst, mußt Du Dich bemühen, manche Dinge niemals zu vergessen und Dich an andere niemals zu erinnern.

Die Liebe kann nach einem Streit großartiger als zuvor sein, gleichgültig, wer die meisten Treffer erzielt oder wer ihn hervorgerufen hat. Das ist ein Gesetz des Lebens. Es gilt stets und überall. Die Geschichte lehrt, daß Völker, die sich in einer Generation noch bekriegten, in der nächsten die engsten Verbündeten sein können. Warum? Zum Teil liegt es wohl daran, daß wir die anderen brauchen und weil sie uns jetzt ebenfalls brauchen. Aber es liegt noch mehr darin.

Wenn der Pulverdampf sich verzogen hat und der Waffenstillstand unterzeichnet ist, merken wir, daß die anderen im Grunde auch nicht viel anders waren und sind als wir selbst. Sie träumen dieselben Träume, hegen dieselben Hoffnungen, kämpfen den gleichen Kampf. Wir lernen, ihre Fähigkeiten zu bewundern, an Dingen Gefallen zu finden, die wir nicht sahen, solange wir den anderen bekämpften. Wenn Menschen sich vom Haß befreien, so tritt die Liebe an seine Stelle und macht das Feld frei für Sympathien, Verständnis und für den echten Wunsch, mehr von dem andern zu wissen.

Ich glaube, unsere Zukunft als menschliche Rasse hängt davon ab, ob wir es lernen können, unsere Feindseligkeiten so zu überwinden, daß wir Raum für die Liebe schaffen, die letzten Endes immer ins Spiel kommt.

Glaubst Du, daß die Völker einmal in einem dauerhaften Frieden leben werden? Das wäre ein herrlicher Tag, nicht wahr? Aber es kann niemals dazu kommen, wenn nicht irgendwo ein Anfang gemacht wird.

Es wäre gut, wenn alle Paare ihre Ehe als einen Beitrag zu diesem Ziel betrachteten.

Dein Vater

*Bauernweisheiten*

Lieber Stefan,

heute ist einer der Tage, an denen die Arbeit einen förmlich erdrücken will. Ich hatte gerade entschieden, keine
Briefe zu schreiben, als mir eine seltsame Redensart einfiel,
die mit dem Über-Töten zu tun hat, von dem gestern die
Rede war. Sie lautet:

„Man steckt keine Scheune in Brand, um die Mäuse los-
zuwerden!"

Ich glaube, darin steckt etwas zum Thema Feindseligkeiten,
worüber man ruhig einmal nachdenken sollte. Als ich den
genauen Wortlaut dieses Sprichworts in meiner Kartei
suchte, fand ich noch einige andere, die auch bedenkens-
wert sind.

Ich gebe sie als meinen heutigen Gedankenbeitrag über die
Behandlung einer Frau an Dich weiter. Da ich Dich kenne,
bin ich ganz sicher, daß sie Dir etwas zu sagen haben:

„Nur ein Narr spuckt gegen den Wind!"

**111**

„Stehe immer hinter einer Kanone und vor einem Maulesel!"

„Rücksicht ist so wichtig wie Rückgrat!"

Dein schrulliger Vater

## Das liebe Geld

LIEBER STEFAN,

auf der Liste der Eheprobleme nimmt das Geld einen der vordersten Plätze ein. Das hat mehrere Gründe. Zunächst einmal bringt ein Paar immer ganz verschiedene Geldauffassungen mit. Der eine Partner ist vielleicht in einem Elternhaus aufgewachsen, das ihm jeden Wunsch erfüllte. Der andere kann unter einem Armutskomplex leiden. Der eine ist vielleicht in einem Abzahlungshaushalt groß geworden, der andere hat stets nur gehört: „Erst sparen, dann kaufen!"

Es gibt Dutzende anderer Unterschiede, die außerhalb Deiner Erfahrungen liegen und einer Betrachtung wert sind.

Darum solltet Ihr in Eurer Ehe recht bald prüfen, warum jeder von Euch auf seine ganz bestimmte Weise denkt, und dann solltet Ihr versuchen, für die Zukunft ein System zu finden, nach dem Ihr beide leben könnt. Ein festes

Gedankengebäude kann Eure Familie finanziell sichern und zugleich helfen, Eure Ehe intakt zu halten.

Deshalb nenne ich Dir hier drei Geldregeln, die Deine Mutter und ich im Laufe der Jahre entwickelt haben.

Regel 1: *Verhalten ist wichtiger als Gehalt*

Es kommt nicht darauf an, wieviel Ihr habt oder nicht habt. Viel wichtiger ist, wie Ihr es betrachtet. Ich habe Menschen erlebt, die begütert und innerlich doch arm waren. Ich kenne andere, die wenig besitzen und deren Herzen doch stets voll Freude sind.

Seid fest entschlossen, erst dann zufrieden zu sein, wenn Ihr Euer Geld unter Kontrolle habt. Ich habe nicht gesagt, „wenn Ihr Geld habt", sondern „wenn Ihr es unter Kontrolle habt". Das ist ein gewaltiger Unterschied. Sein Geld unter Kontrolle haben bedeutet nicht, daß man jede Ausgabe wie ein Schießhund überwacht; auch nicht, daß man ein dickes Konto hat und sein Geld zu sechs Prozent Zinsen anlegt. Es kommt nur darauf an, daß Ihr das beherrscht, was Ihr besitzt. Ihr dürft niemals zulassen, daß es anders wird. Viele Menschen lassen sich vom Geld beherrschen und ihr Fühlen und Denken vom Geld bestimmen.

Regel 2: *Lebt im Heute!*

Diese Regel haben wir aufgestellt, weil wir zu viele Menschen kennen, die in dem Irrtum leben, stets für das Morgen sorgen zu müssen. In meinem Sprechzimmer höre ich oft: „Wenn wir erst das Haus abbezahlt haben... Wenn erst die Kinder aus der Schule sind... Noch einige Ersparnisse... Noch eine Beförderung... Noch eine Umsatzsteigerung... Wenn wir den neuen Teppich für das

Wohnzimmer kaufen können... Sobald wir unser Sommerhäuschen haben, von dem wir schon so lange träumen... Wenn wir uns etwas mehr Luxus leisten können ... dann fängt das wahre Leben an!"

Eigentlich ist leicht zu erkennen, warum so viele Menschen in diese Falle gehen. Alle Massenmedien geben sich die größte Mühe, in uns den Wunsch nach dem zu erwecken, was wir nicht haben. Sie wollen, daß wir unzufrieden bleiben, solange wir nicht immer mehr und mehr besitzen. Mit der Beredsamkeit eines Volkstribunen hämmert der Fernsehsprecher uns ein, daß wir es zu nichts bringen, wenn wir nicht diesen oder jenen Wagen fahren oder mit der Fluggesellschaft X irgendwohin fliegen. „Sei nett zu dir selbst!" „Behandle dich gut!" „Du bist es dir und deiner Familie schuldig!" So reden und reden diese modernen Verführer, und ehe wir uns versehen, sind wir ihnen auf den Leim gekrochen.

Selbstverständlich macht es Spaß, nach vorn zu schauen. Vorfreude regt an. Ich hoffe, Du wirst einen Sparplan aufstellen und darin einige Ziele setzen, auf die Du Dich freuen kannst. Aber laß die Träume vom Morgen niemals das Heute verderben, und ordne nicht alle Freuden nur auf der einen Seite ein.

Ein Wort der Bibel ist für junge Paare sehr bedeutsam: „*Dies* ist der Tag, den der Herr macht; laßt uns freuen und fröhlich an ihm sein."


Regel 3: *Ausgaben beeinflussen das Einkommen*

Es klingt ein wenig verrückt, wenn ich behaupte, mehr zu geben sei ein Weg, um mehr zu haben. Aber genau das haben wir in unserer Ehe erfahren. Ohne jede Ausnahme ist auf alles, was wir mehr gegeben haben, um Menschen außerhalb unseres Hauses zu helfen, ein unerwarteter Segen gefolgt. Und da es so oft geschah, sind wir zu folgendem Schluß gelangt: Das Geheimnis der Familienfinanzen besteht darin, daß man sich weniger um das Einkommen sorgt, sondern die Ausgaben in entsprechendem Rahmen hält.

Wie Du weißt, haben wir unser Familienbudget nach folgendem Leitsatz gesteuert: Zehn Prozent schenken, zehn Prozent sparen und den Rest dankbar ausgeben.

Selbstverständlich stimmt es nicht, daß jeder, der den Zehnten zahlt, unbedingt reich wird. Und es stimmt genauso wenig, daß alle Reichen gute Geber seien. Wahr aber ist, daß unser Leben nur ist, wie es sein sollte, wenn auch unser Geben ist, wie es sein sollte.

Deshalb würde ich an Deiner Stelle schon bald eine Regel aufstellen, die dazu führt, daß Ihr im Geist des Dienens beständig wachst. Wenn Du Dein Geld als ein Mittel betrachtest, anderen zu helfen oder Gott zu helfen, daß er anderen Menschen helfen kann, dann hast Du a) Dich selber vom Elend der Selbstsucht bewahrt, b) einen Schutzwall dagegen aufgebaut, daß Du bei steigendem Wohlstand ärmer wirst, c) Dich in eine Lage versetzt, die Dich eine der größten Freuden des Lebens erfahren läßt — nämlich das Wissen, daß reichen Segen empfängt, wer anderen zum Segen wird.

Du bist klug genug und begreifst, daß hier nicht davon die Rede ist, daß man geben solle, um zu empfangen. Aber empfangen, um geben zu können, das trifft mitten in den Sinn unseres Lebens. Wer darauf sein Leben aufzubauen wagt, wird erfahren, daß der Gott des Überflusses stets Ausschau hält, wo er seinen Reichtum zum Segen werden lassen kann. Gott hat in das Herz seiner Schöpfung einige unabänderliche Gesetze geprägt. Eines davon sagt, daß die Liebe in das Herz des Liebenden zurückströmt, daß die Freude dem Gebenden zuteil wird, daß die vollkommene Zufriedenheit denen gehört, die auf die richtige Weise rechnen.

Ich wünsche frohes Ausgeben!

Dein Vater

## Kleider, Haar und Kleinigkeiten

im letzten Brief schrieb ich über die Geldregeln, die Mutter und ich gemeinsam durchdachten. Hier sind nun ein paar Ratschläge, wie Du Deiner Frau mit einigen Dollars jenes Ich-bin-glücklich-Gefühl geben kannst, das das Leben für Euch beide erfreulich machen kann.

Fangen wir mit den Kleidern an. Was Du in Deinen Haushaltsplan für Marilyns ausgesprochene und andere Wünsche einsetzen kannst, wird sich stets als lohnende Investition erweisen. Jede richtige Frau trägt gern etwas Hübsches. Sie liebt Röcke, Pullover, Halstücher, Shorts, Kleider, Morgenröcke, Mäntel (Winter-, Sommer-, Frühlings-, Regen- und eine Reihe anderer Mäntel), Pyjamas, Schals, Schuhe, Pumps, Sandalen, Kappen, Mützen, Hüte, Abendkleider und so weiter bis in alle Unendlichkeit. Das alles liebt sie, und dazu noch die Kleinigkeiten, die man darauf, darüber, darunter und dazu trägt.

Manche Männer sehen darin lediglich eine Bedrohung für den Wohlstand der Familie. Andere befreunden sich mit der unabänderlichen Tatsache und nutzen sie, um die Beziehungen herzlicher und die Ehe glücklicher werden zu lassen.

Auf diesem Gebiet gibt es gewisse Das-tut-man und Das-tut-man-nicht, die Du kennen und an die Du Dich stets erinnern solltest. Wichtig ist, daß jede Frau sich von jeder anderen unterscheidet. Manche kaufen am liebsten allein ein. Gehört Marilyn dazu, dann sorge dafür, daß ihr genügend Zeit bleibt, und laß sie frohen Herzens ziehen. Sag ihr, daß sie ganz allein entscheiden soll, was ihr gefällt. Und wenn sie wiederkommt, dann laß Dir etwas Nettes zu ihren Einkäufen einfallen. Selbst wenn Du das Meisterwerk abscheulich findest, kannst Du wenigstens äußern: „Hm, das ist doch wenigstens mal ein Hut! Ich bin gespannt, wie du damit aussiehst" (dabei mußt Du nur sicher sein, daß es sich nicht etwa um eine Handtasche handelt)!

Mit anderen Worten: Prüfe das genau, was Du sagen willst, damit Du sicher bist, daß es auch richtig klingt. Und es soll ungefähr so freudig klingen wie die Freiheitsglocke. Du willst ihr doch das Gefühl geben, daß Du an sie glaubst, auch wenn Du von ihrem neuen Einkauf nicht gerade überwältigt bist. Denke nach, und Du findest bestimmt etwas Lobenswertes. Wenn es wirklich schrecklich ist, dann war es vielleicht ein günstiger Gelegenheitskauf, und Du kannst wenigstens das anerkennen. Vor Sonderangeboten verlieren Frauen leicht den Kopf. Solltest Du anders darüber denken, wirst Du es schon noch merken. Du wirst auch feststellen, daß es ihr sehr behagt, wenn Du behauptest, sie sei der beste Spürhund aller Zeiten, wenn Du ihren

Einfallsreichtum lobst und ihr anerkennend den Rücken klopfst, weil sie so sparsam mit Deinem Geld umgegangen ist.

Wenn Du ihr die Freiheit gibst, allein zu wählen und zu kaufen und ihr darüber hinaus noch den Eindruck vermittelst: „Was dir gefällt, mag ich auch!", dann hast Du Großes vollbracht. Du hast ihr gezeigt, daß Gemeinsamkeit nicht Einengung bedeutet. Das hebt Dich in ihren Augen sehr. Viele ihrer Freundinnen haben weniger großzügige Ehemänner, und Du bist eben doch der Beste!

Andere Frauen ziehen es vor, wenn man mit ihnen einkaufen geht. Manche wünschen bei jedem Einkauf Gesellschaft, andere nur zeitweilig. Gehört Marilyn zu ihnen, dann geh gutwillig mit und laß Dich nicht zerren wie ein Schaf zur Schlachtbank.

Man könnte meinen, damit sei über Kleider genug gesprochen, aber ein paar Kleinigkeiten müssen noch gesagt werden. Eine davon: Du mußt immer bemerken, was sie trägt! Einige Einzelheiten wie Farbe, Schnitt und Sitz sollten Dir auch auffallen. Mir will nicht in den Kopf, daß manche Männer die Spielkleidung aller Fußballmannschaften, die Autofarben aller Nachbarn und die Farbe des Lippenstiftes irgendeines Mädchen auf der letzten Party genau im Kopf haben, aber beim besten Willen nicht sagen können, wie das neueste Kleid ihrer Frau aussieht oder was sie gestern abend getragen hat.

Auch bezüglich ihrer Kleidung bei einem gemeinsamen Ausgang solltest Du Dir eines merken: Fragt sie Dich vorher, was sie anziehen soll, dann kannst Du es ihr ruhig sagen. Hat sie aber eine halbe Stunde mit dem Anziehen zugebracht und fragt Dich erst dann, so heißt es vorsichtig sein.

Eine weitere Kleinigkeit gehörte eigentlich schon zu unseren „Niemals-Regeln". Niemals darfst Du ihr sagen, daß Du das Kleid oder was auch immer, das sie seit Monaten trägt, noch nie ausstehen konntest. „Ich fand es immer schon schrecklich" ist einer der armseligsten Sätze, die Du überhaupt aussprechen kannst. Der weibliche Verstand kann darauf nämlich nur auf eine einzige Weise reagieren. Die Frau hat nachträglich das Gefühl, sie wäre jedesmal nackt gewesen, wenn sie das trug, was Du nicht leiden mochtest. Dieses Gefühl bringt jede Frau zur Verzweiflung. Wenn Du irgend etwas also wirklich nicht mehr ausstehen kannst, dann kaufe ihr etwas Neues oder geh mit Deiner Frau in die Stadt und sage ihr, ein so liebenswertes Geschöpf wie sie brauche unbedingt mal wieder etwas für den Kleiderschrank.

Damit soll es genug sein, bis auf einen letzten Hinweis. Hin und wieder solltest Du Deine Frau mit netten Kleinigkeiten überraschen. Dazu ist es immer gut, ihre Größen im Kopf oder im Kalender zu haben. Wenn Du etwas siehst, was gut zu ihr passen würde, dann kaufe es. Für diese kleinen Unnötigkeiten wird sie Dich besonders lieben. Der typisch weibliche Ausdruck: „Das wäre doch gar nicht nötig gewesen!" bedeutet viel mehr als Du glaubst. Sie spürt, daß sie für Dich etwas Besonderes ist, denn Du hast etwas für sie getan, was gar nicht nötig war!

Und nun wollen wir über ihr Haar sprechen. Vielleicht kommt es Dir seltsam vor, daß wir auch das in unsere Gedanken über das Geld einbeziehen, aber genau dorthin gehört es. Die meisten Frauen sind von Kindheit an zum Stolz auf ihr Haar erzogen. Sie haben Stunden damit verbracht, es zu kämmen, zu bürsten, zu legen, zu rollen und noch manches andere.

Wenn Du meinst, das Haar habe für die Frau keine besondere Bedeutung, dann achte an der nächsten Verkehrsampel einmal darauf, wie viele Frauen (vor allem, wenn sie allein fahren) sich über das Haar streichen, es zurechtrücken oder es im Rückspiegel betrachten.

Mein Psychiater-Freund sagte mir, das ginge auf irgendein Mutterhaltung-Syndrom zurück, was immer das auch sein mag. Ich weiß nicht genau, was es bedeutet. Aber eines ist sicher: Du kannst viel für Euer gemeinsames Leben.tun, wenn du a) ihr Haar bemerkst, b) es lobst, c) ihr genug Geld gibst, damit sie alles tun kann, was Frauen im Schönheitssalon getan wissen wollen.

Auch darüber weiß ich nicht genau Bescheid, bin aber überzeugt, daß dort außer dem Haar noch manches andere eine Rolle spielt. Beim Waschen, Spülen, Wellen und Trocknen fehlen gewiß nicht die letzten Neuigkeiten und der letzte Klatsch. Und noch etwas gibt es dort, was sich sonst nirgends so vollkommen erreichen läßt, nämlich das warme Gefühl der Frau für ihren Mann, der genug Geld verdient, sich genug um sie kümmert und sie genug liebt, um ihr diesen wahren Segen zu gestatten.

Glaube mir, es ist ein Segen! Woher ich das weiß? Ich habe erlebt, wie Deine Mutter völlig erledigt und mißmutig in den Schönheitssalon ging und erholt und strahlend wiederkam. Vielleicht könnt Ihr Euch diesen Segen anfangs nicht allmonatlich leisten. Nun gut, dann wird sie sich um so mehr auf jede dieser Gelegenheiten freuen. Wenn Ihr es Euch aber leisten könnt, dann erhöht die Zahl dieser Besuche und laß Dir dabei eine Chance nicht entgehen: Wenn sie Dir nämlich so etwas erst vorschlagen muß, hast Du schon verloren. Wenn Du aber sagst, schließlich seist Du für sie verantwortlich und sie verdiene es wirklich, dann wird sie strahlend unter der Haube sitzen und innerlich Lobeshymnen auf einen so großartigen Mann singen. Versuch es einmal, dann merkst Du, was ich meine. Der Friseur ist der beste Verbündete des Ehemannes!

Selbstverständlich mußt Du auch ein Wort sagen, wenn sie heimkommt. Hast Du wirklich einmal das Gefühl, ihre Frisur sähe aus wie ein Vogelnest, dann ist es freilich schwierig. Aber auch dann darfst Du nichts überstürzen. Vielleicht sucht nur irgend etwas in ihr einen Ausdruck. Vielleicht will sie gerade jetzt eine ihrer Freundinnen beeindrucken. Siehst Du Dir die Frisur lange genug an, so findest Du bestimmt ein paar freundliche Worte, die Du Dir darüber abringen kannst. Vielleicht kann sie damit Handelsvertreter verscheuchen, einen verliebten Nachbarn abschrecken oder sonst irgend etwas. Die Hauptsache ist, daß Du nicht den größten aller Fehler begehst und gar nichts sagst. Nichts gibt einer Frau so sehr das Gefühl, sie stürze aus luftigster Höhe ab, als wenn sie sich stundenlang im Frisiersalon aufgehalten hat, und der Mann, mit dem sie lebt, bemerkt es nicht einmal.

Eine weitere Kleinigkeit sollte man zu diesem Thema erwähnen. Man kann über manche Frauen vieles erfahren, wenn man ihre Frisur betrachtet, vor allem wenn sie neu ist. Vielleicht kannst Du daraus sogar etwas von ihren Gedanken lesen, die ihr selbst gar nicht bewußt sind, und die Dir doch nicht verborgen bleiben sollten.

Du solltest Dir auch überlegen, wie Du mit ihrem Haar umgehst. Manchmal mag sie es, wenn Du darin wühlst, manchmal darfst Du es nur zart berühren, und dann möchte sie auch wieder, daß Du es völlig unberührt läßt. Sicher und unabänderlich ist nur eines: Sie möchte niemals, daß Du ihr Haar übersiehst!

Ich kann diesen Brief noch immer nicht schließen. Ein paar Dinge über Männer, Frauen und Geld gehören hierher. Wir haben schon über das Ausgeben, das Sparen und das Freudemachen gesprochen. Über die Verwaltung des Geldes habe ich absichtlich kaum etwas gesagt.

Verschiedene Ehepaare brauchen auch verschiedene Arten, ein Haushaltsbuch zu führen, den Finanzplan aufzustellen, mit Bankkonten umzugehen, über Ausgaben zu entscheiden. Wichtig ist nur, daß man sich über einige gemeinsame Grundsätze klar wird. Anfangs muß man vielleicht bis auf den letzten Heller genau die Höhe der Einnahmen kennen, muß prüfen, was ausgegeben werden kann, wie man am besten den Überblick darüber behält, wo das Geld eigentlich bleibt. Die Frage, wer die Buchführung übernehmen soll, ist für Dich vielleicht eine Frage der Eigenliebe. Du bist der Verdiener, also steht Dir dieses Recht zu. Später trefft ihr dann vielleicht eine Regelung, nach der sie einen Teil des Geldes allein verwaltet und ihr einen anderen Teil gemeinsam betreut. Und wenn Du Deine Überlegenheit in finanziellen Dingen Dir selbst eines Tages hinreichend bewiesen hast, sagst Du vielleicht: „Liebling, übernimm du das Finanzielle, ja? Ich habe soviel Wichtigeres zu tun!"

Was Du auch tust, achte darauf, daß Du fair bist! Ich weiß nicht, wie viele Frauen sich schon bei mir beschwert haben, daß sie sich mit ihren Männern in finanziellen Dingen niemals einigen könnten. Ich schreibe Dir hier ein paar Sätze auf, an die ich mich erinnere:

„Er kauft sich einen Golfschläger für zwanzig Dollar und regt sich auf, wenn ich zwei Dollar für Badesalz ausgebe."

„Ich habe mir kürzlich ein neues Kleid gekauft, und er hat sich aufgeregt als handelte es sich um ein italienisches Modell. Für ihn ist es aber ganz selbstverständlich, daß er seine

Anzüge beim besten Schneider machen läßt. Er braucht sie ja fürs Geschäft." „Er beschwert sich, daß ich ein wenig mollig werde, aber er gibt mir keinen Dollar, damit ich etwas dagegen tun kann." „Vor der Ehe sagte er, wir würden später alles miteinander teilen. Allmählich habe ich begriffen, wie er das meint. Es ist wie bei der berühmten Kaninchen-Pastete — ein Rind und ein Kaninchen."

Das alles mag ein wenig übertrieben klingen und wird es wohl auch sein. Aber wir können daraus wieder etwas lernen. Übertreibungen deuten meistens darauf hin, daß Probleme nicht richtig, nämlich auf unfaire Art behandelt worden sind.

Das ist interessant. Ich habe mich bemüht, eine Ausnahme von der Fairneß-Regel zu finden. Ich habe manche Frau gekannt, die ihren Mann verließ, weil er zuviel ausgab, zuviel trank, zuviel spielte oder sogar zuviel sparte. Aber niemals habe ich eine einzige Frau erlebt, die ihre Ehe aufgab, weil sie sich nichts Besonderes leisten konnte, wenn der Mann sie nur fair behandelte.

Was bedeutet das? Es bedeutet, daß die Frau einen Mann liebt, auf den sie zählen kann. Ich hoffe, Deine Frau kann sich immer darauf verlassen, daß Du fair zu ihr bist, daß Du aufmerksam, großzügig und klug bist. Ein kluger Mann weiß, daß er seine Frau enger an sich bindet, wenn er in Geldsachen so handelt, daß auch sie zu ihrem Recht kommt.

Denken, Junge, denken!

Dein Vater

*Schwiegereltern*

LIEBER STEFAN,

über Schwiegermütter gibt es unzählige gute und schlechte
Witze. Offensichtlich sind Schwiegermütter ein besonderes
Problem. In meiner Sprechstunde begegne ich ihm zwar
bisweilen, allerdings viel seltener als ich Witze darüber
höre. Vielleicht habe ich Glück gehabt. Vielleicht liegt es
auch daran, daß meine Beziehung zu meiner Schwiegermutter zu den erfreulichsten meines Lebens gehört.
Deine Großmutter, eine wunderbare Frau, hat sich tausendmal bei mir dafür bedankt, daß ich ihre Tochter liebe,
und jedesmal war ich dann fest entschlossen, ihre Tochter
nun noch mehr zu lieben. Tatsächlich gibt einem die
Schwiegermutter mehr Kredit als man verdient, wenn man
es nur versteht, sie für sich einzunehmen. Ein altes Wort
sagt: „Aus einem Manne formt sie einen Gott."
Das hat mehrere Gründe. Einen davon wirst Du erkennen,
wenn Du einmal selbst Kinder hast. Dann merkst Du näm-

lich, daß wir niemanden mehr schätzen als den, der nett zu ihnen ist. Wenn Du gut zu ihrer Tochter bist, wird Deine Schwiegermutter stets mit guten Gefühlen an Dich denken. Für die meisten Eltern bedeutet das schon sehr viel.

Dann gibt es einen zweiten Grund, aus dem Du diesen automatischen Vorzug für Dich verbuchen kannst, falls Du ein guter Ehemann bist. Jedesmal, wenn Deine Schwiegermutter berichtet, wie gut Ihr zueinander paßt, will sie im Grunde nur betonen, wie klug doch ihre Tochter sein muß, daß sie gerade Dich und keinen anderen genommen hat. Und woher hat sie wohl diese Klugheit? Nun, jedermann weiß doch, daß wir das Denken unter dem Einfluß unserer Eltern erlernen!

Du siehst also, daß Du viel gewinnst, wenn Du für einen guten Anfang sorgst. Ich kann Dir nicht alle Möglichkeiten aufzählen, mit denen man das erreichen kann. Jeder Fall verlangt seine eigene Behandlung. Sicher gehst Du aber niemals fehl, wenn Du keine Gelegenheit versäumst, den Schwiegereltern zu sagen, wie großartig Du ihre Tochter findest, wie dankbar Du ihnen für die feine Arbeit bist, die sie geleistet haben, wie gut Du weißt, daß Du jetzt die Früchte ihrer Mühe erntest, und so weiter. Glaube mir, Eltern lieben den, der ihre Kinder liebt. Darauf können sie nicht anders als positiv reagieren.

Freilich gibt es auch Zeiten, zu denen das Eis ein wenig brüchig ist und Du Deine Schritte sehr vorsichtig setzen mußt. Dann behalte einen klaren Kopf, laß Dein Herz soviel Liebe aussenden, wie Du nur aufbringen kannst, bleibe weiterhin dankbar und halte den Mund!

Ich sagte schon, daß ich auf diesem Gebiet nicht sehr bewandert bin, denn ich hatte selbst viel Glück, und die Schwiegereltern-Probleme, die ich aus der Nähe kennenlernte, waren von anderer Art. In den schwierigsten Fällen handelte es sich immer um die Gefühle der Mutter des Mannes gegenüber ihrer Schwiegertochter. Einige dieser Fälle waren schlechthin brutal. Niemand, weder Mann noch Frau, könnte irgendeinen Nutzen daraus ziehen, wollte ich hier die traurigen Einzelheiten berichten.

Abgesehen von dem Rat, gleich von Anfang an für das richtige Verhältnis zu sorgen, habe ich mein Pulver schon so gut wie verschossen. Aber ich fand eben noch etwas in meinen Unterlagen, was ich dir weitergeben möchte, ehe ich diesen Brief beende. Es sind die Worte eines Mannes, der das Problem aus erster Hand kannte und eine gute Lösung gefunden hatte.

Schwiegereltern sind Menschen. Aber sie sind Menschen, die den Vorzug genossen haben, den Menschen, den Du liebst, schon lange vor Dir zu kennen. Es ist verständlich, daß Dich diese Tatsache in ihren Augen nicht von vornherein beliebt macht. Dasselbe gilt auch umgekehrt.

Wenn ich an meine eigenen Erfahrungen zurückdenke, möchte ich sagen: Da Schwiegereltern Menschen sind, solltest Du sie so behandeln, wie Du auch andere Menschen behandelst. Selbst wenn Du sie nicht leiden kannst, mußt Du ihnen gegenüber so höflich wie nur möglich sein. Im Beruf gibt es ja sicher auch Menschen, die Du nicht magst, und doch wirst Du sie zumindest tolerieren. Es ist gut möglich, daß in den ersten gemeinsamen Jahren ein paar „Ja, Vater", oder „Ja, Mutter" das einzige sind, was von Dir verlangt wird.

Wichtig ist Sympathie. Du solltest Sympathie mit Deinem Ehepartner empfinden, der diese Leute viel länger ertragen mußte als Du. Auch jene Art von Sympathie sollte nicht fehlen, die zu der Erkenntnis führt, daß schwierige Menschen durch schwierige Probleme zu ihrer Eigenart gekommen sind. Vielleicht hilft es dir, wenn du dir vorzustellen versuchst, wie schrecklich es sein muß, so wie sie zu denken.

Wichtig ist auch die innere Wahrhaftigkeit, die anerkennt, daß kein Mensch alle Menschen liebt. Vielleicht würdest Du Dich selbst auch nicht mögen, wenn Du so empfändest wie Deine Schwiegereltern. Und wenn Du sie schon nicht leiden magst, dann richtet das viel weniger Schaden an, wenn Du Dich besonnen damit abfindest und Dir vornimmst, kein Heuchler zu sein. Heuchelei, die zuviel vortäuscht, wird endlich zu einer schweren Bürde. Sie überwältigt Dich am Ende, weil sie Tausende von Wurzeln in jeden Winkel Deines Herzens senkt. Läßt Du alle Spannungen innerlich wuchern, ohne sie jemals nach außen erkennbar werden zu lassen, so zerstören sie schließlich Deinen inneren Frieden und führen zum Haß gegen Dich selbst.

Wenn Mann und Frau lernen können, auch solche Dinge zur rechten Zeit und auf die rechte Art miteinander zu teilen, so finden sie fast immer eine Möglichkeit zur gegenseitigen Hilfe. Dann erreichen alle Menschen, die sich zwischen sie stellen wollen, und alle Dinge, die sie auseinanderreißen wollen, tatsächlich nur das Gegenteil.

Das sind gute Gedanken, nicht wahr? Bleib still, wo es ratsam ist; rede, wo Du mußt; seid Euch immer darüber einig, daß alle Familienprobleme nur dazu dienen dürfen, die Bande Eurer Liebe fester zu knüpfen.

Ich wünsche Euch beiden gute Schwiegereltern!

Dein Vater

## Sex – die Aufgabe der ersten zwanzig Jahre

Lieber Stefan,

ich will Dir mit diesem Brief erklären, daß es lange dauert, bis man seine Frau zur vollen sexuellen Entfaltung bringt. Der Ärger ist nur, daß viele Männer meinen, dem Sexuellen müsse von Anfang an „Überirdisches" anhaften. Tatsächlich wird die wirklich schöne Liebe erst in jahrelanger sorgfältiger Aufmerksamkeit geschaffen. Deshalb will ich Dir heute einige Gedanken darüber schreiben, wie man seine Frau behandeln muß, wenn man den Höhepunkt geschlechtlichen Beisammenseins nach zwei Jahrzehnten erreichen will.

Beginnen wir mit einer Tatsache: Deine Frau wird besser auf Deine Männlichkeit reagieren, wenn Du niemals vergißt, daß sie eine Frau ist. Mit anderen Worten, Du mußt den Unterschied zwischen den Geschlechtern kennen.

Es ist sicher gut, wenn man sich zunächst darüber klar wird, daß die weiblichen Reaktionen zumeist langsamer sind als die männlichen. Werden wir genauer. Als Mann wirst Du erheblich mehr an das Sexuelle denken als Deine Frau. Du liest zum Beispiel einen Roman, in dem der Autor eine Schlafzimmerszene verwendet. Du beginnst dann sofort, mit den Romanfiguren zu leben. Liest Marilyn dieselbe Szene, so sagt sie: „Wie hübsch!" oder „Wie abstoßend!" oder auch: „Ich frage mich, wer wohl Tante Phöbes Millionen erben wird."

Dasselbe gilt für Bilder. Die vielen Akte und Halbakte, die wir heute überall sehen, können Dich vielleicht zu wilder Begierde treiben. Unsere Gefährtin denkt als echte Frau indessen: „Was für eine lächerliche Frisur!"

Für das, was sie in Fleisch und Blut sehen, ist es auch nicht anders. Nach einem Nachmittag am Strand brennen wir vielleicht darauf, in das Bett zu steigen. Und was fühlt sie? Vielleicht murmelt sie: „Hoffentlich habe ich mir keinen Sonnenbrand geholt!" Oder sie sagt: „Das Brathähnchenrezept muß ich mir merken!" Oder: „Die Kinder hatten heute wirklich ihren Spaß."

Deshalb ist ihr das Sexuelle keineswegs unwichtiger, paradoxerweise ist es eher umgekehrt. Wir sehen die Sexualität als großen Ausbruch, als Augenblicksentladung. Für die Frau ist sie eine allumfassende Beziehung, zu der viel mehr gehört als das, was sich beim Geschlechtsakt abspielt.

In gewisser Hinsicht bedeutet alles, was wir in den vergangenen Briefen besprachen, für die Frau etwas Sexuelles: Freundlichkeit, Komplimente, Verehrung, die Art, wie Du sie in der Öffentlichkeit behandelst, ob Du ihre neue Bluse bemerkst oder nicht, der Anruf am Vormittag, das unerwartete kleine Geschenk, das Du ihr mitbringst, Deine Art, mit den Kindern umzugehen, die Frage, ob Du ihr genug Zeit läßt, in der sie wirklich sie selbst sein kann — das alles gehört zu ihrem sexuellen Leben! Für Dich mag es eine biologische Angelegenheit des Augenblicks sein. Für sie aber ist es die völlige Vereinigung zweier Leben, die in diesem einen Augenblick den höchsten Ausdruck der Zusammengehörigkeit findet.

In anderen Worten, wenn Du typisch männlich bist, spielt die Sexualität in Deiner Vorstellung von der Ehe wahrscheinlich eine beherrschende Rolle; sicher gibt es auch andere erfreuliche Dinge — aber sie alle führen zu dem einen Ziel. Für die Frau ist die Ehe jedoch eine Gesamtheit von Beziehungen, und der Geschlechtsakt ist nur ein Ausdruck dieser Ganzheit. Das zu verstehen ist für Dein Denken auf die Dauer sehr wichtig. Wenn Du Deine Frau richtig behandeln willst, mußt Du Dich auch geistig dazu erziehen, daß Du sie verstehen lernst.

Gehen wir von diesen Voraussetzungen aus, so ist es offensichtlich, daß zwei Schlüsselworte für Deine eigene Sexualerziehung „Zurückhaltung" und „Zeitwahl" heißen.

Ein Freund sagte mir einmal: „Es ist besser, einmal in der Woche sieben Stunden zu lieben als siebenmal in der Woche eine Stunde." Ich hielt ihn immer für ein wenig weichlich und weiblich, und auch dieser Ausspruch zeigte die weibliche Seite seines Wesens. Und doch sind seine Worte nachdenkenswert. Sie stellen die Tatsache heraus, daß für die Frau die Qualität wichtiger ist als die Quantität.

Das gilt sicher nicht für Dich, vor allem nicht in der ersten Ehezeit. Du holst Versäumtes nach. Du hast einen erheblichen Vorrat aufgestauter Gefühle. In der ersten Zeit Eurer Ehe wird es Dir schwerfallen, Dich zurückzuhalten. Aber eines Tages solltest Du soweit sein, daß Du mehr an das Wie als an das Wie oft denkst. Und von diesem Tage an wird Eure Ehe sich deutlich und anhaltend verbessern.

Manche junge Ehemänner sind persönlich gekränkt, wenn ihre Frau nicht jederzeit und begeistert auf ihre Wünsche eingeht. Zum Teil mag das an den Geschichten liegen, die wir alle einmal gelesen haben, und in denen jede Frau im Beruf als Nymphomanin geschildert wird, die es kaum erwarten kann, bis es fünf Uhr schlägt, um dann augenblicklich in Flammen auszubrechen.

Wenn Du so etwas liest oder hörst, wird es immer gut sein, an ein paar Tatsachen zu denken. Eine davon ist, daß diese Geschichten oft von unbefriedigten Männern geschrieben werden, die Befriedigung in ihrer Phantasie suchen. Es mag auch sein, daß der Schreiber überhaupt nur in seiner Phantasie befriedigt werden kann. Du solltest auch daran denken, daß die „leichten" Mädchen, die es überall gibt, die zu stark geschminkt und zu schwach bekleidet sind, vielleicht in der Tat bemitleidenswerte Menschen sind, die kein anderes sexuelles Leben haben als das, was sie gerade erwischen können. (Ich denke immer noch an den Frisiersalon an dem Tag, an dem die Zeitungen in Schlagzeilen berichteten, daß ein amerikanischer Millionär eine arabische Bauchtänzerin geheiratet hatte. Wir Kunden diskutierten darüber, wie es im Frisiersalon nun einmal üblich ist. Plötzlich erklärte der alte Friseur: „Wenn er sich das gewünscht hat, was ich vermute, dann hätte er lieber irgendein Mädchen vom Lande heiraten sollen.")

Richtig! Öffentlich zur Schau gestellte Sexualität ist nur Schau-Sexualität. Wenn Du aber eines Tages wirklich dort sein willst, wo etwas geschieht, dann mußt Du mir glauben, daß Sexualität in ihrer ganzen Größe zumeist aus der Initiative eines denkenden Ehemannes entsteht.

Es gibt einige Geheimnisse der Zeitwahl, die ich bei guten Ehemännern beobachtet habe. Eines besteht darin, daß sie auf ein halbes Vergnügen verzichten, um es später ganz zu genießen. Sie wissen, daß es auch in den besten Ehen Höhen und Tiefen gibt. Manchmal wünscht eine Frau sich nur, daß man sie in Ruhe läßt. Also? Der kluge Liebhaber lernt, in solchen Fällen seine Leidenschaft zu zügeln, während der Narr mit Volldampf voraus fährt. Durch leichten Zwang erreicht er, was er im Augenblick will. Aber was ist damit bewiesen? Er selbst beweist sich vielleicht seine Männlichkeit. Wenn er der Frau aber zugleich nur bewiesen hat, daß er ein selbstsüchtiger Quälgeist ist, dann hat er gar nichts gewonnen, sondern nur verloren.

Ein kluger Ehemann weiß auch, daß niemand beständig die besten Ergebnisse erzielt. Was tut er, wenn ein bestimmter Abend nicht gerade ein rauschender Erfolg war? Er läßt sich dadurch nicht in Panik versetzen, sondern sagt sich, daß es bald wieder Tage der Hochspannung und andere schöne Nächte geben wird.

Weiterhin erkennt der gute Ehemann, daß eine Frau sich auf ganz andere Art als er selbst an der Sexualität erfreuen kann. Eine junge Frau suchte in meinem Sprechzimmer Rat, weil ihr Mann zu denen gehörte, die nur von einer einzigen richtigen Art sexuellen Genießens überzeugt waren, nämlich der eigenen.

Sie sagte: „Wenn er doch nur nicht dauernd verlangen würde, daß ich so erregt bin wie er! Ich hätte viel mehr Freude daran, wenn er mich das Beieinandersein genießen ließe, während er seine Erregung genießt. Ist es denn so ganz und gar falsch, wenn ich mir das Sexuelle manchmal nur als einen Dienst für ihn vorstelle? Muß ich denn immer genau so fühlen wie er?"

Die richtige Antwort darauf ist ein lautes und entschiedenes Nein! Das gilt auch dann, wenn manche Ehehandbücher an ihrer Behauptung festhalten, ein Mann sei kein ganzer Mann, wenn es ihm nicht gelinge, seine Frau jedesmal zum Höhepunkt zu führen.

Als Berater mußte ich mich oft genug damit auseinandersetzen. Ich weiß, daß es viele glückliche Ehen gibt, in denen die Frau ihre Befriedigung wenigstens zeitweilig nur aus dem Gefühl empfängt, daß ihr Mann befriedigt ist. Wenn Du Deine Frau auf diesem Gebiet ungebührlich bedrängst, kannst Du sie nur in eine Enttäuschung führen, die sich negativ auswirken muß. Daher die Regel: Laß Deine erotischen Bedürfnisse niemals wichtiger werden als die Gefühle Deiner Frau!

Die Freiheit, unsere Wünsche ganz auszudrücken, ist ein Ziel. Du mußt Dich aber daran erinnern, daß sie in den ersten Jahren eben mehr Ziel als Wirklichkeit sein wird. Sicher wünschst Du Dir ein erfülltes Sexualleben. Du wirst es nie erreichen, wenn Du ihre Vorstellungen von diesem Leben mit Deinen eigenen Vorstellungen erdrückst. Das Ziel ist die völlige Freiheit zum Experiment und zum Sichgehen-lassen. Es gibt unendlich viele Variationsmöglichkeiten im sexuellen Leben. Nichts, was Ihr in der Ehe tut, ist schlecht, vorausgesetzt, daß es keinem der Partner körperlich oder seelisch wehtut. Der letzte Satz ist wichtig! Wenn Du Deine Frau nicht langsam weiterbringst, kannst Du in einer einzigen Nacht mehr zerstören, als sich in vielen Jahren wieder aufbauen läßt. Deshalb geht der gute Ehemann mit unendlicher Behutsamkeit vor. Er nähert sich langsam der erstrebten vollen Harmonie. Er weiß, daß es auf manchen Gebieten nicht auf das Wie-oft oder das Wiesehr ankommt, sondern auf das Wie-gut.

Ein guter Liebhaber weiß noch etwas anderes. Er weiß, daß er seine Frau mit Worten erwärmen kann, ehe er sie auch nur berührt. Ich spreche hier nicht davon, daß Ihr einander sagen müßt, was Euch gefällt und was nicht, was Ihr fühlt und was Ihr denkt. Vielmehr möchte ich darauf hinweisen, wie anregend Worte sein können, wenn sie zum Teil des sexuellen Vorspiels werden.

Ich habe einmal einige Frauen gebeten, ihre Gedanken über Komplimente niederzuschreiben. Dabei stellten sich einige verblüffende Tatsachen heraus. Wahrscheinlich lag es an der Anonymität der Antworten, daß einige auch ihre Lieblingssätze aus dem Schlafzimmer aufschrieben.

Aus mehr als fünfzig solcher Notizen gebe ich Dir hier eine Warnung wieder, die mehrmals auftauchte, aber auch ein paar ausgesprochene Erfolgssätze.

„Wie können Männer nur solche phantasielose Langweiler sein? Daß ich hübsch bin, sagt mein Mann mir nur, wenn er Sex will." „Wenn er beredsam wird, weiß ich schon, was jetzt kommt." „Er schmeichelt mir nur, wenn wir im Bett sind." „Mein Mann hat einen ganzen Vorrat von dem, was ich mit Schlafzimmerlyrik bezeichne. Ich möchte, daß er mir nur einmal etwas Nettes sagt, ohne dabei an etwas Bestimmtes zu denken."

Wenn Du soeben ein seltsames Geräusch gehört haben solltest, war es vermutlich ein spöttisches Lachen aus dem Grabe des Casanova. Kein kluger Liebhaber würde einen so dummen Fehler begehen. Sage Dir immer wieder, daß Du alles vermeiden mußt, was mehr an Gebrauchen als an Liebe denken läßt. Die beste Vorübung besteht darin, daß Du ihren Kuchen lobst und ihren Haushalt, daß Du ihr sagst, wie vernünftig sie mit dem Gelde umgeht, wie hübsch sie bei der letzten Party ausgesehen hat, wie hübsch ihre selbstgenähte Schürze geworden ist und was immer Du sonst noch an ihr magst.

Für die Frau gehört die Sexualität zu den Gebieten, auf denen es fast unmöglich ist, ihr falsche Motive zu verbergen. Wenn Du Dir ein erfülltes sexuelles Leben wünschst, mußt Du wissen, daß die Aufrichtigkeit einen hervorragenden Platz in all Euren Beziehungen einnimmt.

Und jetzt wollen wir uns einigen Erfolgssätzen zuwenden.

Eine Frau schrieb: „Ich glaube, die kleinen, geheimen Komplimente, die man miteinander teilt, bedeuten einer Frau mehr als alles andere. Ich liebe diese Versicherungen, daß ich für meinen Mann etwas Aufregendes bin."

Einige der persönlicheren Bemerkungen zeigen, daß die Schreiberin wie eine richtige Frau empfindet.

„Manchmal sagt mein Mann nachher: ‚Auch ich habe gelebt!' Das höre ich besonders gern. Eines seiner hübschesten Komplimente lautet: ‚Wenn ich dich so ansehe, laufen alle meine Wünsche in einen einzigen zusammen.' Ob Sie es glauben oder nicht, manchmal liest er mir das Hohelied des Salomo vor, ehe wir uns lieben. Solche Augenblicke bedeuten mir sehr viel."

Du merkst, wie alles sich auf die Versicherung richtet, daß der Mann wirklich seine Befriedigung gefunden hat. Das ist einer Frau ungeheuer wichtig. Sie möchte nicht nur spüren, daß sie die Grundfunktion der Frau erfüllt und ihrem Partner gefällt, sondern sie möchte auch mit liebevollen Erinnerungen in seinen Gedanken sein.

Da wir gerade über das sprechen, was man sagen sollte, ist es sicher gut, auch einmal zu erwähnen, was man nicht sagen sollte. An Deiner Stelle würde ich Worte wie „frigid", „kalt" und ähnliche, die Dir vielleicht in einem Augenblick der Enttäuschung herausrutschen könnten, ein für allemal aus dem Wortschatz streichen. Wir sagten schon, daß eine

Frau dazu neigt, das zu werden, was ihr Mann in ihr sieht. Auch Deine Worte schlagen Wurzeln, die zwanzig Jahre weit reichen.

Achte auch auf die Angemessenheit Deiner Worte. Für manche Frauen ist Bescheidenheit sehr wichtig. Manche reagieren positiv auf eher derbe Ausdrücke. Einige Mädchen sind schrecklich naiv, andere wissen zuviel. Ich meine, Du solltest ein wenig über das Vokabular der Sexualität nachdenken. Es ist immer ein Fehler, wenn Du Deine Frau dazu bringst, daß sie auf irgendeinem Gebiet eine innere Verteidigungsstellung aufbaut. Du mußt immer dafür sorgen, daß ihre Gedanken stets erwartungsvoll bleiben.

Da wir gerade bei der richtigen Sprache und der Angemessenheit allen Verhaltens sind, denke daran, daß Du hin und wieder auf dem Heimweg einen kleinen Aufenthalt im Warenhaus oder in der Drogerie einlegst. Bring ihr ein Fläschchen von einem bezauberndem Parfüm mit oder sonst irgendeine aufregende Kleinigkeit. Eine Geste dieser Art kann Deine Worte sehr wirksam unterstützen. Sicher mußt Du auf vielen Gebieten mit dem Geld sparsam umgehen, aber ganz gewiß nicht, wenn es um die Wäsche Deiner Frau geht. Da mußt Du Dich großzügig zeigen, und trotz der hohen Beefsteakpreise wird sie Dir für solche Extravaganzen dankbar sein.

Ehe ich diesen Brief beende, will ich Dich noch einmal an das erinnern, was wir Dich einst als Grundsatz jeder Sexualität lehrten. Sie ist eine Gabe Gottes und hat nichts Schlechtes an sich, wenn sie richtig gehandhabt wird.

Sicher hast Du es selbst schon erfahren, daß dies viel leichter gesagt als getan ist. Über zwanzig Jahre ist das Negative von allen Seiten her auf Dich eingedrungen. Jede Einzelheit hat ihre Spuren hinterlassen. Manchmal ist Deine

Phantasie mit Dir durchgegangen und Du hast Dich gefragt, ob Du vielleicht eines jener Geschöpfe wärst, bei denen der Sex den Platz des Gehirns einnimmt.

Dann bist Du Marilyn begegnet und wußtest, daß sie die Richtige war. Aber auch hier war im Positiven noch etwas Negatives. Du hast Dich um Beherrschung bemüht, und das war gewiß nicht leicht.

Und dann wart Ihr endlich verheiratet. Ein großer Tag! Plötzlich war alles in Ordnung. Du durftest nach Deinem Gutdünken handeln. Aber da waren noch jene alten Rückstände. Wie kann ein Mensch plötzlich als ganz und gar gut betrachten, was er bisher als halb-böse bekämpft hat? Die Antwort ist klar. Es gehören Zeit und Geduld dazu, und es bedarf einer allmählichen Veränderung der Einstellung bei Dir und bei Deiner Frau.

Das also ist Dein Ziel. Meiner Meinung nach ist es eines der höchsten Ziele, die ein Ehemann sich setzen kann. Es ist ein edles Unterfangen, sich selbst in der Kunst vollkommener Männlichkeit auszubilden. Daß Du zugleich die Frau, die Du liebst, zum vollen Ausdruck ihrer Weiblichkeit bringen darfst, ist ein so großes Vorrecht, daß man es nicht in Worte fassen kann.

Ich wünsche Dir das Beste. Wenn Du Dich von Anfang an bemühst, Dein Bestes zu tun und dann die nächsten zwei Jahrzehnte bei diesem Bemühen bleibst, dann wirst Du eines Tages verstehen, was die Bibel mit den Worten meint: „Er schuf sie als Mann und Weib ... und Gott sah an alles, was er gemacht hatte, und siehe, es war sehr gut!"

Laß das Feuer nicht verlöschen!

Dein Vater

*Untreue*

LIEBER STEFAN,

es ist spät, aber ehe ich schlafen gehe, muß ich Dir noch
etwas erzählen, was ich heute abend hörte. Es paßt gut zu
dem, was ich Dir über die Sexualität schrieb.

Ein Mann rief an, während wir beim Abendessen saßen. Er
wollte mich sofort sprechen. So trafen wir uns, und es war
ihm auf den ersten Blick anzusehen, daß er litt.

Ohne Umschweife kam er zum Thema. Ehe ich ihm noch
die üblichen Fragen stellen konnte, fing er schon an, seine
Geschichte zu erzählen.

Es war das alte Lied. Jeder, der auf diesem Gebiet beratend
tätig ist, hört es immer wieder. Seine Frau hatte heute sein
„Herumspielen", wie er es nannte, entdeckt. Als er abends
heimkam, standen seine Koffer vor der Haustür. Sie hatte
sie säuberlich gepackt und einen Zettel darangehängt.
Seine Hand zitterte, als er ihn mir über den Tisch reichte.
Sie sei fertig mit ihm, hatte die Frau geschrieben, und werde

morgen zum Anwalt gehen. Sie lege keinen Wert darauf, ihn noch einmal zu sehen, und sie werde auch dafür sorgen, daß er die Kinder nicht mehr zu Gesicht bekäme. „Ich hasse dich", schloß sie.

Er war erschüttert. Es tut mir immer weh, wenn ich einen erwachsenen Mann weinen sehe, und das hier war keine Ausnahme. Er gab zu, daß die Schuld allein bei ihm lag. Die Frau hatte ihm eine Falle gestellt, und er war hineingetappt. Was sollte er tun?

Früher habe ich einmal geglaubt, solche Augenblicke wären der richtige Zeitpunkt, über die Sünde zu sprechen, die uns stets einholt. Aber das ist längst vorbei. Wenn ein Mann seine Schuld so freiwillig eingesteht, dann braucht er ein Ohr, das ihn hört, eine Hand, die ihn stützt, einen Menschen, der eilends in seine Wohnung geht und herausfindet, ob die Frau nicht doch noch einmal über alles nachdenken will. Meistens will sie es, wenn man ihr nur Zeit läßt, ein wenig ruhig zu werden. Ist der erste Zorn verraucht, so sieht sie den beschwerlichen Weg vor sich, den sie nun mit ihren Kindern allein zu gehen wünscht. Dann beginnt sie auch, nach ihrer eigenen Stellung in der Ehe zu fragen und danach, ob nicht ein Teil der Schuld auch bei ihr selbst liegen könnte.

So warte ich dann, bis ich einen Hinweis auf einen günstigen Augenblick erhalte, und handle. Bitte, bete mit mir, daß wir auch diese Ehe wieder ins Gleichgewicht bringen können.

Er wiederholte mehrmals einige Sätze, die ich Dir gern schreiben möchte. Sie drücken seine Verzweiflung aus. „Wie konnte ich nur so gemein sein! Ich habe ihr gar nichts vorzuwerfen! Ich hasse meine Frau nicht, aber mich, mich hasse ich!"

Immer, wenn ich Ehebrecher zu beraten habe, empfinde ich, daß dieses Schamgefühl die schwerste Strafe für ihre Verfehlung ist. Deshalb braucht der Mann, der seine Schuld eingesteht, auch keine Predigt von mir. Das besorgt er selbst viel besser, und für den armen Kerl, der von seinem Gewissen geplagt wird, ist es die reinste Hölle. Selbstverständlich gibt er das nicht zu. Das ist etwas ganz anderes. Aber selbst die Weigerung, alles zu bereinigen, ist oft nur Kulisse, welche die schreckliche Wahrheit verdecken soll.

So sind wir nun einmal. Als Gott uns schuf, gab er uns einige unabänderliche Gesetze mit auf den Weg. Dazu gehört, daß alles Böse erst mit Gott bereinigt werden muß, ehe wir es mit anderen Menschen bereinigen können. Wie sehr wir es auch verdrängen wollen — was wir selbst von uns halten, ist auf die Dauer viel wichtiger als das, was andere von uns denken. Das umschließt Freunde, Feinde, Arbeitgeber, Arbeitnehmer, Nachbarn, Verwandte, die Kameraden und die erzürnte Ehefrau. Wir können wohl weit weglaufen, um genug Entfernung zwischen uns und sie alle zu bringen. Da wir nun aber einmal sind, wie wir sind, können wir nie und nimmer vor uns selbst weglaufen.

Man behauptet, der Mensch könne sein Gewissen umbringen. Glaubst Du das wirklich? Nun, ich bin einigen begegnet, die es scheinbar konnten. Aber für jeden einzelnen von ihnen kenne ich Dutzende, die das Gewissen nur so tief in sich verschließen konnten, daß sie seine Stimme nicht mehr hörten. Und dann stürzte eines Tages der Baum um, unter dem es ein für allemal verscharrt zu liegen schien. Nach meiner Erfahrung gibt es nichts Schlimmeres als diese innere Stimme der Anständigkeit, die flüstert, schreit und mahnt: „Du, erinnerst du dich noch an mich?"

Das muß eine der bösesten Seiten der Untreue sein. So sehr ein Mann auch versucht, sein Verhalten mit Verstandesgründen zu erklären, weiß er doch stets, daß er damit einen Weg einschlägt, der ihn vom eigentlichen Problem fortführt. Er sucht vielleicht nur nach biologischer Entspannung. Es mag sein, daß er bei der anderen Frau die Sympathie findet, die er bei der eigenen vergeblich sucht. Es mag auch sein, daß er sich eben nur in die Erregung einer heimlichen Liebschaft verwickelt hat. Auch zahlreiche andere Befriedigungen können für ihn daraus entstehen. Niemals aber kann das alles ein hinreichendes Gegengewicht zu seinem Wissen bilden, daß er dort versagt hat, wo er es nicht durfte. Er hat versagt, wo er Erfolg haben wollte. Das beeinträchtigt seine eigene Meinung von sich selbst. Er hat den Ausweg eines Feiglings gesucht, und Männer sind nicht gern Feiglinge. Im Herzen eines jeden Mannes, der diesen Namen verdient, steckt die Überzeugung, daß große Siege erkämpft werden müssen.

Je länger Du lebst, desto besser wirst Du begreifen, daß Disziplin, Einsatz und einfacher, altmodischer, männlicher Charakter einen erheblichen Teil vom Reiz des Lebens ausmachen. Nur der Mann erringt wirklich den Preis, der sich mit den Dingen auseinandersetzt, bis er vor dem Spiegel stehen und sagen kann: „Es war nicht leicht, aber jetzt gefällt mir der Kerl, den ich dort vor mir sehe!"

Ich hätte diesen Teil des sexuellen Lebens nicht vergessen dürfen, als ich Dir gestern schrieb. Du wirst aber begreifen, daß dieses Vergessen im Grunde ein Kompliment für Dich ist. Es kam mir überhaupt nicht in den Sinn, daß Du es Dir zu leicht machen könntest. Da ich Dich gut kenne, bin ich fest überzeugt, daß Du alle Dinge da anpacken wirst, wo sie angepackt werden müssen. Wenn ich ehrlich an meine erste Ehezeit zurückdenke, muß ich aber auch gestehen, daß mancherlei in meinem Kopf vorging, was mich überraschte und verwirrte. Und da der Apfel nicht weit vom Stamm fällt, wird es Dir vielleicht nicht anders ergehen. Es ist bei vielen Männern so. Ich kenne genug, um sagen zu können, daß solche Dinge oft zur Standardausrüstung auch der besten Modelle gehören.

Wenn ein Mann heiratet, bindet er sich an seine Frau, weil er überzeugt ist, daß sie genau das ist, was er sich wünscht, was er braucht, wonach er sich sehnt. Und dann merkt er plötzlich überrascht, daß andere Frauen immer noch attraktiv sind. Vielleicht ist das sexuelle Leben mit seiner Auserwählten nicht so, wie er es sich vorgestellt hat. Vielleicht ist es auch ganz großartig. Und trotzdem bleiben seine Gedanken auf Wanderschaft. Es gibt auch hübsche Beine, die nicht seiner Frau gehören. Manchmal reichen seine Gedanken dann aus, um Zweifel in ihm zu wecken. Ist er vielleicht nicht ganz normal? Oder ist ausgerechnet er das verworfenste von allen Geschöpfen?

Er ist es nicht! Du bist es auch nicht. Du bist ein warmblütiger junger Mann, und je mehr Du daheim die Sexualität genießt, desto stärker durchdringen vielleicht sexuelle Gedanken Dein Hirn, Dein Blut, Dein gesamtes Wesen.

Was kannst Du dagegen tun? Ich meine, was kannst Du tun, wenn Du es erst als völlig normal und als eine Herausforderung an Deine Männlichkeit erkannt hast?

Zu den besten Dingen gehört dann zweifellos, daß Du mit Marilyn über Deine Schwierigkeiten sprichst. Für mich sind innere Kämpfe, die ich mit dem Menschen teile, den ich am meisten liebe, schon halb gewonnen. Für mich war es Erlebnis, als ich endlich verstand, daß es zur vollkommenen sexuellen Verbindung gehört, daß man über alles ehrlich spricht; auch über die Dinge, die einen Mann bedrängen und ihm manchmal das Gefühl geben, er wäre ein wildes Dschungelwesen.

Selbstverständlich mußt Du behutsam an solche Dinge herangehen. Aber glaube mir, gute Frauen, die man verständig und liebevoll behandelt hat, verstehen es großartig, solche Dinge aufzunehmen. Wenn sie den sexuellen Trieb auch anders empfinden als wir, verstehen sie doch die männlichen Neigungen, wenn wir ihnen nur die Gelegenheit dazu geben. Die Frau, die ihren Mann wirklicht liebt, möchte seine Gedanken kennen, und zwar alle!

Deine Mutter ist auf diesem Gebiet eine wahre Meisterin, und ich habe das Gefühl, Marilyn wird es auch sein, wenn Du Deinen Teil tust, indem Du dafür sorgst, daß ihr eines unbedingt klar wird: „Alle Wege führen nach Hause! Ich danke Dir, daß Du so großartig bist, daß alle Menschen, denen ich begegne, mir den Wunsch eingeben, so schnell wie möglich bei Dir zu sein!"

Wenn Du sie erst überzeugt hast, daß dieser Gedanke echt ist, könnt Ihr ein hübsches kleines Spiel miteinander entwickeln. Dann sagt sie alles, was sie denkt, und Du sagst es auch. Sie ermutigt Dich, frei darüber zu sprechen, welchen Typ Du bevorzugst, wen Du interessant findest, was Dich erregt und was nicht. Sie hat jetzt nichts mehr zu fürchten, und Dir geht es ebenso. Deine Ehe gehört dann zu den seltenen, in denen keiner etwas zu verbergen braucht — und das ist unglaublich gesund!

Die Sexualität in ihrer höchsten Form gründet sich auf Wahrheit. Sie kann im günstigsten Falle eine geistige Vereinigung sein, in der Körper, Geist und Seele den Schöpfer preisen, der Euch so sehr liebt, daß er Euch geschaffen hat, damit Ihr einander lieben könnt.

Diese Art der Sexualität ist wunderbar. Sie ist heilig. Aber sie bringt auch Freude, und ich hoffe für Euch beide, daß diese Freude mithilft, alles in Eurem Haus so zu gestalten, daß Ihr nie woanders hingehen müßt, weil es nirgends besser sein könnte als daheim.

Dein treuer Vater

P.S.: Deine Mutter hat einmal etwas sehr Schönes für mich getan. Als wir gerade angefangen hatten, alle diese Dinge miteinander zu besprechen, grub sie dies alte Sprichwort aus und schrieb es in mein Herz: „Gott hält die Vögel der Versuchung nicht davon ab, über unseren Köpfen zu kreisen; er verlangt nur, daß wir sie daran hindern, in unserem Haar zu nisten."
Fein, nicht wahr? Und es ist gut zu wissen, daß alle Dinge ihre Ordnung haben.

## Wo der Herr nicht das Haus baut

LIEBER STEFAN,

einer der alten Bibelausleger schildert Gott als einen Mann mit einer Laterne, der durch die Zeiten geht und nach Menschen sucht, auf die er sein Reich gründen kann. Wir hoffen für Dich und Marilyn, daß er eines Tages sagt: „Gerade euch habe ich lange gesucht!"

Schon ein flüchtiger Blick in die Geschichte zeigt uns deutlich, daß keine Zivilisation auf Dauer angelegt ist. Überall sind Trümmer und Gebeine stumme Zeugen dafür, daß Menschen, die glaubten, das Überdauernde geschaffen zu haben, sich geirrt hatten.

Glaubst Du, daß jemals ein Menschengeschlecht das Werk des Überdauerns vollbringen wird? Wenn ja — wie? Sicher kommt es nicht über uns wie ein Lotterietreffer. Charakterstärke entwickelt sich nicht zufällig.

Wo also liegt unsere Hoffnung? Liegt sie in ehrlicheren und zeitgemäßeren Kirchen, in besseren Schulen, in neuen

Regierungsformen? Wird das Reich Gottes anbrechen, wenn unsere Wirtschaft endlich gesund ist? Erwartet es erst noch das Ende der Armut, der den Schwachen verweigerten Rechte und der Kriege? Oder hängt der richtige Zeitpunkt von den Fortschritten der Technik, von der Raumfahrt oder von ganz neuen Einflüssen ab, die von anderen Planeten kommen?

Vielleicht wird irgendeine Kombination all dieser Einflüsse ein Teil der letzten Antwort sein. Aber ich glaube fest daran, daß die Hauptquelle eines vorbildlichen Lebens die Familie sein wird. Ich würde all mein Geld darauf setzen, daß das Reich Gottes kommt, wenn die Familie so geworden ist, wie Gott sie will, und wenn die Ehe zwischen den Söhnen und Töchtern des Herrn alle ihr innewohnenden Möglichkeiten verwirklicht hat.

Das ist einleuchtend, nicht wahr? In der Familie sind wir den frühesten Einflüssen ausgesetzt. In einem normalen Leben verbringen die meisten von uns den größten Teil ihrer Zeit zu Hause. Von dort aus entwickeln wir die Gewohnheiten unserer seelischen Reaktionen. Hier fällen wir unsere ersten Wertentscheidungen. Kein Wunder, daß die Dichter sagen, daß die Familie die erste Gestalterin des Schicksals sei. Sie ist es wirklich.

Ich möchte Dir das Gefühl geben, daß Deine erfolgreiche Ehe ihre Auswirkungen bis in fernste Zeiten haben kann.

Aber ein gründliches Studium der Ehe in unserer Zeit stürzt uns in Zweifel. Es gibt zu viele Risse und Brüche, wo Festigkeit und Bestand sein sollten.

Warum ist das so? Fast hundert Prozent derer, mit denen ich vor dem Altar stehe, erwarten, daß sie von nun an immer glücklich sein werden. Wenn sie geloben, daß sie einander immer lieben wollen, meinen sie das auch so. Aber eines Tages enden die Flitterwochen. Dann sind Rechnungen zu zahlen, dann ist Geschirr zu spülen, der Vorgesetzte zufriedenzustellen. Fußböden sind zu putzen und wieder Rechnungen und Geschirr spülen und Rechnungen. Und dann heißt es: „Hast du schon die neue Rechnung gesehen?" Sie redet von einer Waschmaschine, und er fragt: „Mußtest du eigentlich wirklich 40 Mark in der Drogerie ausgeben?" Sie denkt: Warum sitzt er nun da und sieht sich dieses blöde Fußballspiel an, statt mir einmal in der Küche zu helfen?

Ist das also die Realität der Ehe? Was ist aus all dem verliebten Geschwätz geworden? Wo ist aller Glanz geblieben? „Warum soll ich soviel arbeiten, wenn sie sich gar keine Mühe gibt?" Und: „Diesmal muß sie sich aber zuerst entschuldigen!"

So weichen die Fundamente nach und nach auf. Und dann möchte sie, möchte er oder möchten sie beide wissen, was sie tun können, um die Risse wieder zu flicken und alles so werden zu lassen, wie es in der Anfangszeit ihrer Liebe war.

Die meisten Geistlichen verbringen heute viele Stunden damit, Paare zu beraten, die in irgendwelchen Schwierigkeiten stecken. Diejenigen von uns, die mit Eheproblemen zu tun haben, hören alles, was man sich nur vorstellen kann, und manches, was Du nicht glauben würdest. Um Dir deutlicher zu machen, was ich meine, halte ich hier ein paar ganz allgemeine und einige seltenere Sätze aus meinen Arbeitsnotizen fest:

„Er redet nie!" „Sie hält niemals den Mund!" „Seine Verwandten meiden uns!" „Ihre lassen uns nie in Ruhe!" „Er

trinkt zuviel!" „Sie kann das viele Essen nicht lassen!"
„Seine Manieren sind schrecklich!" „Sie hält sich für Lady
Astor!" „Er hält jede meiner Bewegungen für eine Auffor-
derung zum Sex!" „Sie erfindet immer neue Ausreden!"
„Er braucht einen Psychiater!" „Ich fürchte, sie ist nicht
ganz bei Trost!"

So könnte ich stundenlang fortfahren. Vielfach sind die
Probleme solcher Paare ganz alltäglich, und ich frage mich,
warum sie nicht darüber lachen; andere sind wieder leicht
zu lösen.

Mit ein paar Veränderungen hier und da lassen die Risse
sich kitten. Dann gibt es aber auch Fälle, in denen alles
schon zu weit ist. Wir können dann nicht viel mehr tun als
weinen. Die Risse haben sich zur unüberwindlichen Kluft
geweitet. Wie soll dann noch jemand das Getrennte neu
verbinden?

Weil die Dinge nun einmal so liegen, bin ich überzeugt,
daß meine Rolle darin besteht, daß ich einiges sehr laut
und deutlich ausspreche, bevor wir zum Altar gehen. Ich
halte nichts mehr davon, Paare nur deswegen zu trauen,
weil sie sich schon immer eine große kirchliche Trauung
gewünscht haben, weil irgendein Familienmitglied senti-
mental ist, weil eben jeder es tut. Von nun an will ich im
letzten Gespräch vor der Trauung immer sagen: „Wo der
Herr nicht das Haus baut, so arbeiten die Arbeiter umsonst.
Die Trauung beginnt morgen mit den Worten: ‚Wir sind
angesichts Gottes versammelt, um diesen Mann und diese
Frau mit dem Band der heiligen Ehe zu verbinden, die von
Gott eingesetzt wurde.' Vergeßt das nicht! Es handelt sich
nicht um eine Modenschau, um eine gesellschaftliche Zu-
sammenkunft, um eine Verbeugung vor der Tradition,
ehe wir uns den Cocktails zuwenden. Wir kommen jetzt

zusammen, weil wir ein neues Heim gründen wollen, in dem Gott sein Ziel verfolgen und seinen Plan verwirklichen kann."

Selbstverständlich werden manche sich fragen: „Was hat er denn nur?" Sollte jemand diese Frage laut stellen, so werde ich sie ihm deutlich beantworten. Mich beunruhigt der ständige Zug derer, die mit zerbrochenen Ehen, gebrochenen Gelöbnissen und gebrochenen Herzen zu mir kommen.

Ich sagte schon: Ich glaube, sie meinten es einmal ernst, als sie versprachen, sich zu lieben, „bis daß der Tod uns scheidet". Jetzt aber deuten sie mit Fingern aufeinander, belasten sich gegenseitig, entschuldigen sich selbst, suchen nach Gründen, die den Zusammenbruch rechtfertigen...

„Es macht mir nichts mehr aus. Meine Gefühle für ihn sind tot..." „Aber einmal haben Sie ihn doch geliebt, nicht wahr?" „Ja, sicher, aber damals waren wir noch zu unreif. Wir wußten ja nicht, was alles dazugehört. Ich glaube wirklich nicht, daß es noch weitergehen kann."

Und diese Eheleute haben recht. Es kann so nicht mehr weitergehen. Es war von vornherein nicht möglich, wenn man bedenkt, wie sie das Gebäude ihrer Ehe errichtet haben. Es fehlte an den Vertikalen. Es gab nur Horizontale, nichts, was aufwärts strebte.

Darum verwende ich während der Eheberatung viel Zeit auf ein Gespräch über das Gebet. Meiner Meinung nach ist nichts, absolut nichts wichtiger als dies: Können diese beiden Geschöpfe Gottes erkennen, daß der Herr sie geschaffen und zueinander geführt hat, nicht, damit sie in erster Linie etwas für sich selbst vollbringen, sondern damit sie etwas für Gott vollbringen? Wenn sie das bejahen können, lautet die nächste Frage: „Wollen Sie dann nicht Ihren

Geist so öffnen, daß der Heilige Geist Sie täglich anrühren kann und daß Gottes Liebe in Ihr Heim kommt?"

Ich habe Ehen gesehen, die so erschüttert schienen, daß keine irdische Macht sie wieder ordnen konnte. Und doch, einige dieser Ehen bestehen noch heute und werden immer vollkommener, weil beide Partner das Beten gelernt haben. Das ist eine Tatsache. Ich habe niemals ein gemeinsam betendes Paar kennengelernt, das nicht spürte, wie seine Ehe sich zu immer tieferem Verständnis, zu hellerer Freude und zu einer wachsenden, schöneren und umfassenderen Liebe entwickelte.

Es wird Tage geben, an denen Du einfach nicht die Zeit für all das findest, was getan werden sollte. Fast alle meine Bekannten, die ihrer Arbeit nachgehen und für ihre Familie sorgen müssen, fühlen sich gehetzter und bedrängter als ihnen lieb ist. Aber manchen Menschen gelingt es gleichwohl, in innerer Ruhe zu leben.

Wie schaffen sie das? Fragt man sie danach, so sagen sie vielleicht, daß sie gar nichts dafür tun. Das Geheimnis liegt darin, daß alles, was sie tun, aus einem inneren Kraftzentrum heraus geschieht.

Auch in Deiner Familie kann diese beständige Gegenwart spürbar werden. Auch Ihr könnt Euer Leben in diesen Frieden münden lassen. Aber das gelingt nicht mühelos. Deshalb würde ich mir an Deiner Stelle fest vornehmen, daß nichts anderes so wichtig sein darf wie Euer Vorsatz, wenigstens einmal täglich zu Gott aufzublicken.

Manchmal wird das in einer stillen Stunde geschehen, in der Ihr Eure Hände haltet und besprecht, um was Ihr beten wollt. Dann neigt Ihr die Köpfe, und einer von Euch betet laut, oder auch beide; vielleicht ist es sogar noch besser, wenn beide still beten und jeder von Euch mit Gott spricht, wie er ihn versteht. Vielleicht gibt es andere Tage, an denen Ihr nur einige kurze Augenblicke auf dieses Gebet verwendet.

Die Frage „wie soll man beten?" ist nicht halb so wichtig wie die andere, „betest Du?" Wenn Du regelmäßig betest, wirst Du auf Wege geführt werden, die für Dich richtig sind, und allein darauf kommt es an.

So lautet also die Regel für das Gebet in der Ehe: „Wir wollen für- und miteinander beten. Wir wollen täglich beten, und je mehr wir zu tun haben, desto bestimmter wollen wir daran denken."

Gewiß gibt es Familien, in denen niemand betet, aus denen Gott ausgeschlossen bleibt, und die doch zusammenhalten. Ich freue mich, daß es so ist. Wir brauchen ganz offensichtlich Zusammenhalt jeder Art. Aber nach meinen Erfahrungen gilt die Wahrheit: Wir brauchen jene Heime am dringlichsten, in denen zwei Leben durch eine heilige Liebe miteinander vereint werden, die größer ist, als ihre eigene Liebe.

So wollen wir also hoffen, daß Euch die Kristallkugel freundliche Zukunftsbilder zeigt. Wir wünschen Euch guten Wind, glatte See und ruhige Fahrt. Das Glück möge Euch lächeln und immer bei Euch sein. Das alles wünschen wir Dir und Marilyn und dazu alles andere, was der menschliche Geist sich an Gutem ausdenken kann. Wenn wir aber, wie es oft der Fall ist, unsere Wünsche beschränken müßten, dann bliebe nur der eine Wunsch für Euch, daß Ihr lernt, Euch für die Liebe Gottes zu öffnen.

Gott hört niemals auf zu lieben. Er ist immer da, klopft an, wartet und hofft.

Im Lichte dieser Wahrheit kommt es für jede Ehe darauf an, daß sie in Übereinstimmung mit dem Unendlichen bleibt. Wenn Ihr Euren Teil tut, dann tut Gott den seinen. Er vereint dann Eure Liebe und die seine zu einer heiligen dreifachen Bindung.

Wer es selbst erlebt hat, wird Euch bestätigen, daß es keine größere Liebe gibt.

In herzlicher Fürbitte,

Dein Vater

# Der Mann mit dem Gewehrtick

früher ging ich oft mit einem Mann auf die Entenjagd, der
mit seinen Gewehren einen wirklichen Kult trieb. Er
polierte sie mit einem besonderen Öl, das nach Bananen
roch. Mich beschimpfte er jedesmal heftig, wenn die Enten
nicht fliegen wollten, weil mein Gewehr eben nicht nach
Bananen duftete; wenn ich ehrlich sein soll, muß ich zugeben, daß es sogar ein paar Kratzer an den Holzteilen hatte;
und außerdem haftete ihm noch etwas ganz besonders Ab-
scheuliches an, nämlich ein schwärzlicher Belag im Lauf.
Mein Jagdgenosse sagte mir, der käme nur daher, daß ich
mein Gewehr nicht sofort nach der Jagd gründlich rei-
nigte.
Es gab gute Gründe, aus denen ich auch weiterhin mit diesem Waffenperfektionisten jagen ging. Er war Mitglied
des Clubs mit dem besten Jagdgelände, ich nicht. Er war
Vorsitzender unseres Gemeinderats, und so konnten wir

gelegentlich wichtige Dinge besprechen. Der dritte Grund war nicht so gut. Er hatte Schwierigkeiten mit seiner Frau, und ich hoffte, die Ehe zu retten.

Ich konnte es nicht. Sie ließen sich scheiden. Es war einer jener Fälle, die einen erwachsenen Mann zum Weinen bringen können. Er saß in seiner wunderbaren Jagdhütte mit Antilopenköpfen, ausgestopften Fasanen, einem mollig-weichen Teppich aus Bergziegenfell und mit einem Schrank voller gepflegter Gewehre, die nach Bananen dufteten.

Dort stand er am Schrank, nahm jede Waffe einzeln heraus und ging sehr behutsam und liebevoll damit um. Dann erinnerte er sich wieder an das Aussehen meines Gewehres und begann eine seiner langen Reden über die gebührende Pflege. Das beschämte mich immer ein wenig, und ich nahm mir fest vor, mein Gewehr zu reinigen, wie ich es noch nie gereinigt hatte, sobald ich heimkam.

Aber weißt Du, was dann wirklich geschah? Als ich heimkam, erwartete Mutter mich an der Tür. Dann setzten wir uns in unsere geliebten Schaukelstühle und hielten unsere Hände, oder wir machten gemeinsam einen Besuch oder taten sonst irgend etwas. Der erste Blick in ihre Augen hatte mich meinen Entschluß vergessen lassen, meinem Gewehr künftig mehr Liebe zu widmen.

Kürzlich dachte ich noch einmal daran zurück, und dabei kam mir ein Gedanke. Seltsam, daß wir die besten Einfälle oft zu spät haben, nicht wahr?

Mein Bananenöl-Mitjäger verwandte nämlich in seinen Vorträgen stets diesen einen Satz: „Ich verstehe einfach nicht, wie ein Mann soviel Geld in ein Gewehr stecken und es dann einfach verkommen lassen kann!"

Jetzt fiel mir ein, daß ich ihm hätte antworten sollen: „Mein lieber Freund, Sie haben völlig recht! Aber wenden wir Ihre ausgezeichnete Bemerkung doch einmal auf Sie selbst an!"

Warum habe ich ihm niemals vorgerechnet, was es ihn gekostet hat, seine Frau zu bekommen! Die vielen kleinen Ausgaben der ersten Zeit, die Hochzeit, alles, was sie an Essen, Garderobe und so weiter brauchte. Dabei wäre sicher eine sehr ansehnliche Summe zusammengekommen, nicht wahr?

Und dann hätte ich sagen können: „Ist ein Mann nicht ein Narr, wenn er soviel in eine Ehe steckt und sie dann verkommen läßt?"

Und er wäre wirklich ein Narr! Meinst Du nicht auch?

Denke weiter!

Dein Vater